Schriften zum Bibliotheks- und
Büchereiwesen in Sachsen-Anhalt 86

Herausgegeben von
Heiner Schnelling
Universitäts- und Landesbibliothek
Sachsen-Anhalt

VD 18
Verzeichnis der im deutschen Sprachraum erschienenen Drucke des 18. Jahrhunderts

Beiträge eines DFG-Rundgesprächs
in der Universitäts- und Landesbibliothek
Sachsen-Anhalt in Halle (Saale),
veranstaltet am 05.05.2004

Herausgegeben von
Heiner Schnelling

Halle (Saale) 2004

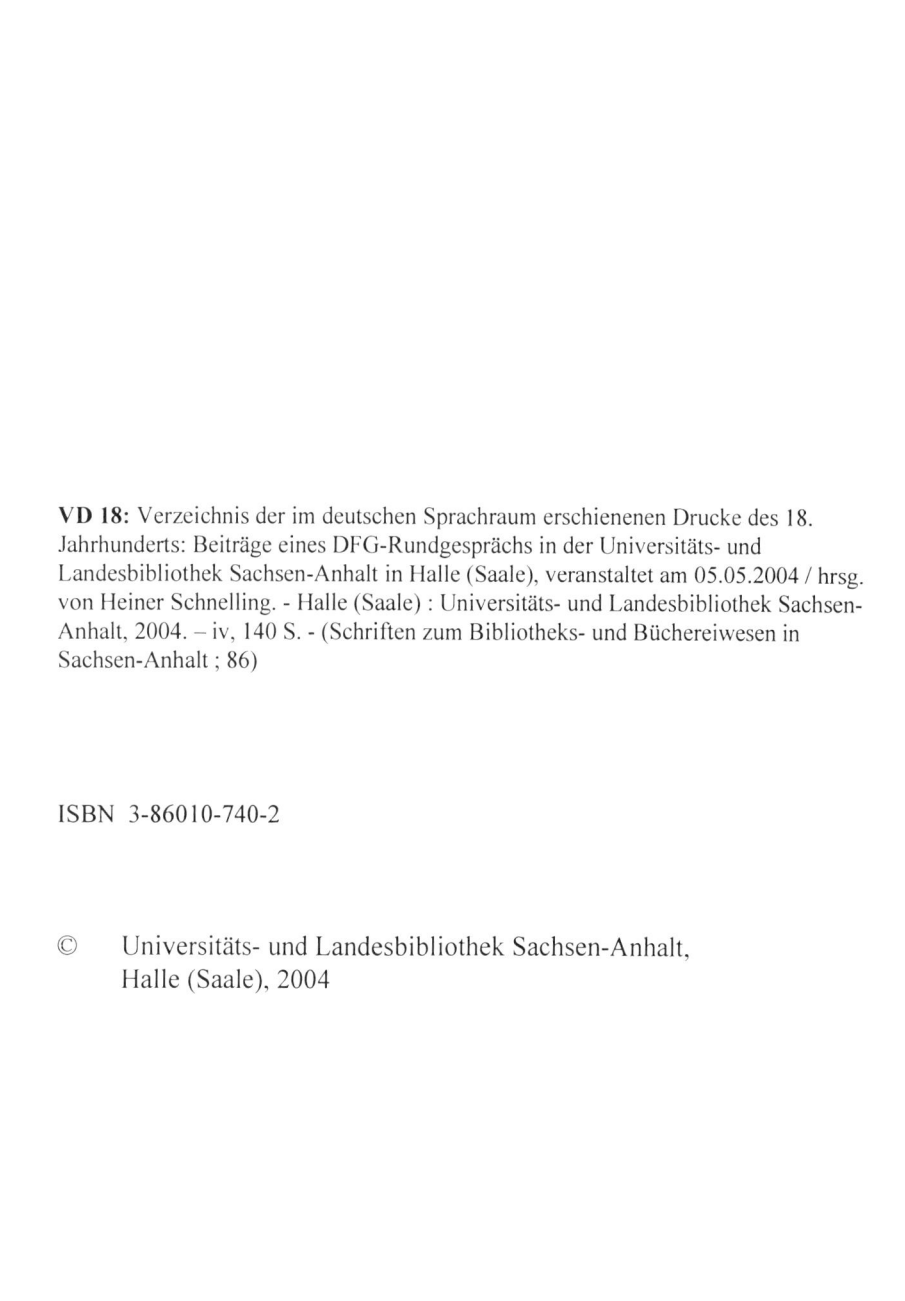

VD 18: Verzeichnis der im deutschen Sprachraum erschienenen Drucke des 18. Jahrhunderts: Beiträge eines DFG-Rundgesprächs in der Universitäts- und Landesbibliothek Sachsen-Anhalt in Halle (Saale), veranstaltet am 05.05.2004 / hrsg. von Heiner Schnelling. - Halle (Saale) : Universitäts- und Landesbibliothek Sachsen-Anhalt, 2004. – iv, 140 S. - (Schriften zum Bibliotheks- und Büchereiwesen in Sachsen-Anhalt ; 86)

ISBN 3-86010-740-2

© Universitäts- und Landesbibliothek Sachsen-Anhalt,
Halle (Saale), 2004

Inhaltsverzeichnis

Vorwort iii

Bernhard Fabian: Brauchen wir ein Verzeichnis der deutschen Drucke des achtzehnten Jahrhunderts? 1

Reinhart Siegert: Defizite bibliothekarischer Kataloge aus der Sicht der Forschung 11

Eberhard Mertens: Buchhandel im 18. Jahrhundert 29

Michael Engel: Medizin, Naturwissenschaften, Technik: Probleme der Ermittlung, Verzeichnung und Bewertung „grauer" und nicht-kanonischer Literatur des 18. Jahrhunderts 37

Georg Braungart: Kanon und Forschung: die Bedeutung der Erschliessung für die Literaturwissenschaft 43

Ursula Hartwieg: Das VD 18: bibliographische und bibliothekarische Voraussetzungen 49

Graham Jefcoate: Zur quantitativen Präzisierung des Volumens der Literatur des 18. Jahrhunderts – Probleme und Lösungen im deutschsprachigen Raum und internationalen Bereich 61

Heiner Schnelling: Zeitrahmen, Mengen- und Kostengerüste eines VD 18 75

Thomas Bürger: Historische Drucke in Virtuellen Fachbibliotheken? Nutzen und Möglichkeiten sachlicher Sucheinstiege in das VD17 und VD18 85

Gerd-J. Bötte: VD18: Vom bibliographischen Nachweis zum digitalen Dokument 95

Claudia Fabian, Dorothea Sommer: Ergebnisprotokoll der Abschlussdiskussion des DFG-Rundgesprächs VD 18 am 5. Mai 2004 in Halle, Universitäts- und Landesbibliothek Sachsen-Anhalt 111

Klaus Garber: Für ein nationales Verzeichnis der Drucke des 18. Jahrhunderts! 119

Elmar Mittler, Joachim Migl: VD 17/18 – Ein Vorschlag zur pragmatischen Weiterentwicklung bibliothekarisch-bibliographischer Verzeichnisse in Deutschland 123

Tagesordnung 135

Teilnehmerliste zum Rundgespräch „VD 18" 137

Vorwort

Die Deutsche Forschungsgemeinschaft hat am 05.05.2004 in der Universitäts- und Landesbibliothek Sachsen-Anhalt in Halle (Saale) ein Rundgespräch zum Thema „Verzeichnis der im deutschen Sprachraum erschienenen Drucke des 18. Jahrhunderts" ermöglicht. Dies geschah auf Initiative des Unterausschusses „Kulturelle Überlieferung" des Bibliotheksausschusses der DFG.

An diesem Rundgespräch nahmen etwa 30 Vertreter/innen von Bibliotheken teil, die im Zusammenhang eines VD 18 genannt werden müssen. Das heißt jedoch nicht, daß im DFG-Rundgespräch vom 05.05.2004 alle Bibliotheken vertreten sein konnten, die für sich in Anspruch nehmen, zu einem VD18 beitragen zu können. Dem mußte schon die seitens der DFG üblicherweise gesetzte Höchstzahl der Teilnehmer/innen von 30 entgegenstehen.

Der vorliegende Band versammelt die Vorträge, die anläßlich des Rundgesprächs gehalten wurden, sowie zwei ergänzende Beiträge. Der Band enthält sodann auch das Protokoll der Abschlußdiskussion; das von Frau Dr. Claudia Fabian (Bayerische Staatsbibliothek München) und Frau Dr. Dorothea Sommer (Universitäts- und Landesbibliothek Sachsen-Anhalt, Halle) dankenswerter Weise verfaßt wurde. Der Entwurf des Protokolls hat allen Teilnehmer/innen des DFG-Rundgesprächs vor Drucklegung vorgelegen; die Anmerkungen der Teilnehmer/innen sind in der hier publizierten Fassung eingearbeitet.

Der Herausgeber dankt zunächst der Deutschen Forschungsgemeinschaft für die Möglichkeit, dieses Rundgespräch veranstalten zu können, sodann aber auch den Teilnehmer/innen des DFG-Rundgesprächs vom 05.05.2004 in Halle (Saale). Schließlich dankt er den Mitarbeiter/innen der Universitäts- und Landesbibliothek Sachsen-Anhalt in Halle (Saale), die die Durchführung des Rundgesprächs unterstützt haben.

Halle (Saale), im August 2004

Heiner Schnelling

Brauchen wir ein Verzeichnis der deutschen Drucke des achtzehnten Jahrhunderts?

Bernhard Fabian

Brauchen wir eigentlich ein Verzeichnis der deutschen Drucke des achtzehnten Jahrhunderts? Die Frage ist einfach zu stellen, aber nicht leicht zu beantworten, vor allem nicht so zu beantworten, daß die Antwort nach allen Seiten hin selbstverständlich ist und ungeteilt Zustimmung findet.

Unsere Bibliotheken, voran die mit größeren oder großen historischen Beständen, befinden sich in einem Umbruch, wie er folgenreicher kaum gedacht werden kann. Vor zwei oder drei Jahrzehnten wurden die historischen Bestände schon einmal als Problem angesehen. Damals, zu einer Zeit ungebremster Zukunftsseligkeit, schienen die historischen Bestände überhaupt entbehrlich zu werden. Sie wurden, so glaubten viele, nicht mehr gebraucht und dürften daher in einer musealen Ecke der Bibliotheken abgestellt werden. Sie schienen ein lästiger Anhang zur modernen Gebrauchsbibliothek zu sein. Es ist indessen nicht ganz so gekommen, wie man es unter Progressisten vorausgesehen hat und, vor allem, wie man es voraussehen wollte. Historische Bestände werden nach wie vor benutzt, denn die historisch orientierte Forschung kann sie nicht entbehren, und die Nachfrage scheint, wenn ich recht informiert bin, kontinuierlich zu steigen.

Heute sehen wir uns einer anderen Situation gegenüber. Auch die fortschrittlichsten Bibliotheksadministratoren sind weit davon entfernt, historische Bestände einfach an die Seite stellen zu wollen. Historische Bestände werden heute dem sogenannten kulturellen Erbe zugeschlagen, das inzwischen weltweit entdeckt worden ist. Damit sind sie unerläßlich, denn sie garantieren, wenigstens wird uns das in vielerlei Varianten versichert, unsere Identität, und zwar die jeweils nationale und über die nationale hinaus auch eine europäische.

Als identitätsstiftendes Kulturgut sollten die Altbestände natürlich auch verfügbar sein, und zwar möglichst für jeden, der sie braucht, brauchen könnte oder zu brauchen meint.

Verfügbar oder zugänglich sein, heißt heute, so scheint man sich in Bibliothekskreisen bereits weitgehend einig zu sein, digitalisiert und im Netz abrufbar zu sein. Man muß also digitalisieren, so viel wie möglich und so schnell wie möglich, damit sich – und diese Hoffnung wird auch schon geäußert – die Regale unserer Lesesäle leeren und die Lesesäle irgendwann überflüssig werden. Daß

man dafür tunlichst ein Pilotprojekt mit einem schicken Akronym hat, gehört –
unter den Prämissen der digital correctness – heutzutage für viele Bibliotheken
offenbar zur notwendigen Selbstdarstellung.

Sie alle kennen die Vision der großen Europäischen Bibliothek, die sich aus den
Ressourcen nationaler Bestände speist oder, besser im Futur, irgendwann speisen soll und, hoffentlich, dereinst einmal speisen wird. Alles Englische kommt
dann aus England, alles Deutsche aus Deutschland, alles Polnische aus Polen
und so fort. Benötigt wird dafür nur ein europäischer Zentralkatalog, den man
aus den Katalogen der großen europäischen Bibliotheken (vornehmlich der Nationalbibliotheken) kompilieren möchte und der dann die elektronische Summe
des europäischen Bücher- oder, mit dem korrekteren Ausdruck, des Dokumenten-Nachweises bildet. Auf diese Vision versucht man uns einzuschwören, und
vielerorts scheint man bereits fest davon überzeugt zu sein, daß es nicht nur so
kommen kann, sondern auch so kommen wird und kommen muß.

Vor diesem Hintergrund für eine Verzeichnung der deutschen Drucke des achtzehnten Jahrhunderts zu plädieren, ist nicht einfach, denn es wirkt angesichts der
grandiosen Pläne fast kleinteilig. Früher bot ein solches Plädoyer keinerlei
Schwierigkeiten. Früher brauchte man nur zu versichern, daß so etwas von der
Forschung gebraucht würde. Der Hinweis auf ein wissenschaftliches Desiderat
genügte in den meisten Fällen, um potentielle Geldgeber zu überzeugen. Denn
wer wollte schon die Forschung behindern, wer wollte schon eine Situation unverändert lassen, die dem wissenschaftlichen Fortschritt entgegenstand? Natürlich wird heute auch noch geforscht. Auch heute werden wie eh und je Texte des
achtzehnten Jahrhunderts benötigt und benutzt und damit von den Bibliotheken
verlangt.

Indes, der Wind hat sich gedreht. Er bläst den Geisteswissenschaften, besonders
den historisch orientierten, ins Gesicht, und das stärker als allen anderen Wissenschaftsbereichen. Seitens der Geisteswissenschaften etwas zum Desiderat zu
erklären, überzeugt in dem Augenblick nicht mehr, wo die Geisteswissenschaften überhaupt zur Disposition stehen oder zumindest vielerorts zur Disposition
gestellt werden. Es nützt dann auch wenig, wenn sich die Geisteswissenschaften,
wie es üblich geworden ist, als Kulturwissenschaften maskieren, um von der allgemeinen Inflation des Kulturbegriffs zu profitieren.

Mir scheint auch der Hinweis wenig zu nützen, daß ein Katalog der deutschen
Drucke des achtzehnten Jahrhunderts den verschiedensten geistes-, sozial- und
kulturwissenschaftlichen Disziplinen zugute käme. Für die Literaturwissenschaft

ist das so selbstverständlich, daß man es kaum auszusprechen wagt. Sie müßte natürlich an erster Stelle genannt werden. Gleichwohl, weniges wird heute als so entbehrlich angesehen wie die traditionelle Literaturwissenschaft. Es steht natürlich auch außer Frage, daß die Kunstwissenschaft und ihr intellektuelles Umfeld davon profitieren würde. Ebensowenig ist abzustreiten, daß die Geschichte über die gesamte Breite des Faches (von der politischen Geschichte über die Sozialgeschichte bis hin zur Technikgeschichte) einen Katalog der deutschen Drucke des achtzehnten Jahrhunderts gut gebrauchen könnte. Und so fort. Man kann das praktisch für jede einschlägige Disziplin sagen und, auf eventuelle Nachfrage, auch in jedem wünschbaren Detail nachweisen.

Nur gibt es dabei ein Problem: Das Argument des Nutzens für die Geisteswissenschaften zieht heute nicht mehr oder längst nicht mehr so, wie es in den guten, alten Zeiten, als die Geisteswissenschaften noch unkontrovers waren, einmal gezogen hat. Es zieht wenigstens in Deutschland nicht, wo man sich, so scheint es, der gedruckten Überlieferung möglichst bald und möglichst dauerhaft auf elektronischem Wege entledigen möchte. Ich bin nicht einmal sicher, ob jeder Wissenschaftler, würde man ihn fragen, einen Katalog der Drucke des achtzehnten Jahrhunderts ohne Einschränkung zu befürworten bereit wäre. Viele sind heute bereits darauf eingeschworen, mit dem Wenigen, was sich im Internet vorfindet und von dort herunterladen läßt, zufrieden zu sein.

Warum wir einen Katalog brauchen, müssen wir, glaube ich, anders begründen – so begründen, daß die Begründung auch kulturpolitisch verständlich wird und sich möglicherweise gar als akzeptabel erweist. Die Begründung kann nicht, oder nicht mehr, von der Wissenschaft abgeleitet werden, die sich mit einer Epoche beschäftigen möchte. Sie muß von der Epoche selbst hergeleitet werden, die von ebendieser Wissenschaft für uns erschlossen werden sollte und auch umfassend erschlossen werden muß. Auch dieses Plädoyer ist nicht einfach, aber es scheint mir in der gegenwärtigen Situation das einzige zu sein, das man noch mit bescheidener Aussicht auf Erfolg vorbringen kann.

Das Argument für die Erschließung der Textüberlieferung einer Epoche ist ein historisches Argument, aber es ist ein Argument, das selbst unter den Bedingungen eines rapiden Schwundes von Geschichts- und Traditionsbewußtsein schwer zu entkräften sein dürfte. Daß Zukunft Herkunft braucht, ist eine Formulierung, die sich von Gadamer aus weit verbreitet hat. Man kann die Formulierung umdrehen: Herkunft garantiert Zukunft. Damit kann man darauf aufmerksam machen, daß wir auf dem Wege in die Zukunft die Vergangenheit brauchen. Wir leben von ihr, und wir müssen von ihr leben, weil der geistige Vorrat, ohne den wir nicht sein können, allemal aus der Vergangenheit stammt. Es gibt keinen anderen geistigen Vorrat als den, den die Vergangenheit für uns akkumuliert hat. Die kulturelle Überlieferung, und nur sie, gibt uns die Möglichkeit, aus der Gegenwart heraus den Schritt in die Zukunft zu tun.

Im Kontext der kulturellen Überlieferung stehen jeder Gegenwart bestimmte Epochen näher als andere. Es gibt Affinitäten, die sich aus der Situation der Zeit heraus ergeben. Rückbindungen können gesucht und bewußt geknüpft werden, sie können sich auch als angemessen, wenn nicht als notwendig erweisen und dann sozusagen von selbst etablieren. In diesem Sinne, so scheint mir, steht uns das achtzehnte Jahrhundert nahe. Es steht uns sogar besonders nahe. Und es muß uns aus vielerlei Gründen nahestehen. Das heißt nicht, daß wir auf andere Epochen unserer nationalen Geschichte verzichten könnten und verzichten sollten. Wir brauchen sie alle. Sie gehören alle zu uns. Aber es gibt Unterschiede in der momentanen Wichtigkeit und Abstufungen in der unmittelbaren Relevanz.

Das achtzehnte Jahrhundert ist ein historischer Zeitraum, der uns verbunden ist wie kaum ein anderer, der uns so unmittelbar angeht wie keiner zuvor und wenige danach und der im geistigen Haushalt der Gegenwart unentbehrlich ist. Wissenschaftlich mag vieles interessant sein und manches durchaus aufschlußreich. Unter dem, was unbedingt nötig ist, muß das achtzehnte Jahrhundert als essentiell gelten. Es ist der Zeitraum, in dem Deutschland in die sich formende moderne Welt eintrat. Es ist der Zeitraum, in dem Deutschland, das nach den Verwüstungen des Dreißigjährigen Krieges darniederlag wie kaum ein anderes Land je zuvor darniedergelegen hat, nicht nur wieder zu sich fand, sondern über alles hinauswuchs, was es je gewesen war.

Das achtzehnte Jahrhundert ist die Epoche, in der Deutschland innerhalb weniger Jahrzehnte eine Nationalkultur ausbildete, die ebenbürtig ihren Platz unter den Nationalkulturen des Kontinents einnehmen konnte. Um 1730 richtete Voltaire in seinen Lettres philosophiques die Aufmerksamkeit Europas auf England als das große Vorbild. Um 1810 stellte Madame de Staël in ihrem Bericht De l'Allemagne die Frage: "Sollten die deutschen Schriftsteller, die unterrichtetsten und tiefdenkendsten Männer von Europa, nicht wert sein, daß man ihrer Literatur und ihrer Philosophie einen Augenblick Aufmerksamkeit schenkt?"

Ist das achtzehnte Jahrhundert nicht das Jahrhundert Kants, der die Grundlagen und Grenzen der menschlichen Erkenntnis bestimmte und überdies ein- für allemal verbindlich formulierte, was wir unter Aufklärung zu verstehen haben? Es ist auch das Jahrhundert Schillers, der die ästhetische Erziehung des Menschen als Vorstufe zur moralischen postulierte. Es ist das Jahrhundert Lessings, der die

Grundsätze der Kunstkritik entwickelte und uns die Toleranz als Vorbedingung einer humanen Existenz nahebrachte. Es ist das Jahrhundert Herders, der uns neue Wege zum Verständnis von Kultur und Geschichte bahnte. Es ist das Jahrhundert Lichtenbergs, der mit Montaigne und Swift zu den großen europäischen Moralisten gehört. Es ist schließlich weitgehend das Jahrhundert Goethes, in dem sich der letzte uomo universale und das erste moderne Individuum in einer Person vereinigen. Als Autor nimmt Goethe seinen Platz neben Shakespeare ein, und auf diesen Platz ist er erst neuerdings wieder gestellt worden – nicht von einem deutschen Patrioten, sondern von Harold Bloom, dem überragenden amerikanischen Literaturkritiker, in einem Buch, das den Titel The Western Canon trägt.

Das achtzehnte Jahrhundert ist nicht nur ein Jahrhundert der Literatur, es ist auch eins der Künste. Es ist das Jahrhundert Bachs und das Mozarts, in denen die europäische Musik ihre Vollendung fand. Es ist auch das Jahrhundert Händels und Haydns, die wir als Komponisten nicht missen können und wollen. Das achtzehnte Jahrhundert ist das Jahrhundert, in dem die Würzburger Residenz, das Schloß Augustusburg, die Wieskirche und das Schloß Sanssouci erbaut wurden. Es ist das Jahrhundert, in dem Weimar seine Gestalt annahm und der Wörlitzer Park angelegt wurde – sechs von 26 historischen Stätten in Deutschland, die die Unesco ins Weltkulturerbe aufgenommen hat. Das ist fast ein Viertel, der Rest verteilt sich auf die anderen Jahrhunderte.

Darf ich hier abbrechen, obwohl ich die Aufzählung noch einige Zeit fortführen könnte? Es dürfte genügen, um das zu verdeutlichen, was uns bei dem Projekt der retrospektiven Verzeichnung der deutschen Drucke das achtzehnten Jahrhunderts vor Augen stehen sollte. Ein Katalog zum achtzehnten Jahrhundert würde einen großen Teil dessen umfassen, was unsere klassische, und das heißt: unentbehrliche Literatur ausmacht. Er würde ein Segment der Textüberlieferung dokumentieren, das nicht nur zum kulturellen Erbe Deutschlands gehört, sondern zu einem kulturellen Erbe Europas, dessen Ausstrahlung weltweit ist.

Wir brauchen einen Katalog für das achtzehnte Jahrhundert, weil sich in ihm Prozesse abzeichnen würden, die für die europäische Geistes- und Kulturgeschichte paradigmatisch sind. Wer das achtzehnte Jahrhundert in England intellektuell durchmißt, befindet sich am Anfang der Epoche im achtzehnten Jahrhundert, und am Ende der Epoche ebenfalls im achtzehnten Jahrhundert. Bei aller Veränderung und Transformation weist das achtzehnten Jahrhundert dort eine weitreichende Homogenität auf. Ähnliches gilt für Frankreich. Auch dort ist das achtzehnte Jahrhundert an seinem Anfang und an seinem Ende das achtzehnte Jahrhundert. Und Deutschland? Deutschland ist anders, und Deutschland ist so anders, daß man den Wandlungsprozeß im Detail verfolgen sollte, weil sich hier etwas ereignet hat, was als fast spontane Herausbildung einer Kulturnation zu bezeichnen ist.

Am Anfang des Jahrhunderts war Deutschland von einer Geistigkeit bestimmt, die sich – eher negativ als positiv – nur als barock charakterisieren läßt. Das siebzehnte Jahrhundert reichte mit den Ausläufern einer petrifizierten Intellektualität allgegenwärtig ins frühe achtzehnte hinein. Das wird an der Sprache deutlich, in der man sich mühsam und windungsreich verständlich zu machen versuchte. Das offenbart sich auch in den Titelblättern der Bücher, die damals auf den Markt kamen – überladen, schnörkelhaft, und offenbar häufig auch mit soviel Hingabe wie Unvermögen gesetzt. Um die Jahrhundertmitte, und beschleunigt nach dem Ende des Siebenjährigen Krieges, wandelt sich dies alles. Allenthalben holte man in Deutschland auf. Die kulturelle Entfaltung in der zweiten Jahrhunderthälfte vollzog sich mit einer Schnelligkeit, die noch immer Erstaunen hervorruft. Deutschland fand zu sich selbst, nicht zuletzt unter dem Einfluß Englands, das Frankreich als Vorbild ablöste.

Binnen weniger Jahrzehnte bildete sich eine Literatursprache heraus. Es entstand über die Grenzen der Kleinstaaterei hinweg ein literarisches Leben von nationalem Zuschnitt. Sein Begründer war Friedrich Nicolai, der aus England die Idee zu einer neuen Literaturzeitschrift importierte. Sie wandte sich weniger an den gelehrten als an den gebildeten Leser, und ihre Ausstrahlung reichte weit über die Grenzen des Landes hinaus. Das Deutsche wurde, vornehmlich in Nord-, Mittel- und Osteuropa, zu einer neuen Verkehrssprache. Damit wurde das deutsche Buch, das inzwischen zu einem modernen Buch geworden war, nicht nur weit verbreitet, sondern auch allenthalben nachgedruckt. Zur gleichen Zeit importierte Deutschland Ideen und Lesestoff in einem bis dahin unbekannten Umfang – vornehmlich, aber keineswegs ausschließlich, aus Frankreich und aus England.

Über all dies hat man sich in Deutschland noch immer Rechenschaft zu geben. Vieles ist in Grundzügen bekannt, aber noch nicht so hinreichend dokumentiert, daß es möglich wäre, die mannigfaltigen Entwicklungen der Epoche im Detail zu verfolgen und davon eine zureichende Vorstellung zu gewinnen. Das achtzehnte Jahrhundert war eine Epoche des Wortes, des Diskurses, des Autors, des neu heraufkommenden Schriftstellers. Seine Medien waren das Buch und die Zeitschrift, deren literarisches und intellektuelles Potential erstmals erkannt und deren öffentliche Wirksamkeit erstmals ausgelotet wurden. So ist von bleibendem Interesse nicht nur, was im achtzehnten Jahrhundert geschrieben wurde, sondern auch, wie es verbreitet wurde.

In den meisten europäischen Ländern gibt es einen natürlichen Ort, an dem die nationale Literaturproduktion physisch präsent ist, so daß sie unmittelbar zur Anschauung gebracht werden kann. In Deutschland fehlt dieser Ort. Wir haben keine Nationalbibliothek. Wir sind deswegen darauf angewiesen, sie uns in virtueller Form zu schaffen, um jenen Überblick gewinnen zu können, der sich anderwärts von selbst ergibt. Das retrospektive Verzeichnis der deutschen Drucke des achtzehnten Jahrhunderts muß deswegen als eine Art virtueller Bibliothek betrachtet werden, die aus einer Vielzahl von Bibliotheken alles zusammenführt, was noch vorhanden und erreichbar ist. Das Verzeichnis sollte uns in die Lage versetzen – erstmals in die Lage versetzen – die gedruckte Überlieferung einer eminent wichtigen Epoche unserer Vergangenheit in der Gesamtheit zu überschauen, in der man sie zur Kenntnis nehmen muß, und in dem Detail aufzufinden, das für das Verständnis der Epoche unentbehrlich ist

Wir sollten von vornherein ein solches Verzeichnis nicht nur als Instrument der Literaturermittlung ansehen, obwohl es das seiner Funktion nach in erster Linie sein wird. Das Verzeichnis sollte uns mehr bedeuten, weil es in seinem Anspruch und in seiner Leistung mehr als ein Katalog sein wird und sein muß. Es wird im Medium der Bibliographie das Porträt einer Epoche darbieten, der wir einen fundamentalen Bestand unseres geistigen Besitzes verdanken. Er wird ein Verzeichnis sein, in dem wir uns unsere klassischen Autoren, manche zum ersten Mal, in der Fülle ihres Werkes und in der Breite ihrer zeitgenössischen Wirkung vor Augen führen können – umgeben von jenen Schriftstellern des zweiten und dritten Ranges, die nachgerade in ihrer Wichtigkeit neu entdeckt worden sind oder noch der Entdeckung harren.

Das Verzeichnis wird uns ein bibliographischer Führer sein, mit dem wir nicht nur wirklich oder vermeintlich bekannte Pfade durch das Jahrhundert noch einmal beschreiten, sondern auch viele neue Wege bahnen können. Das gilt für ganze Literaturgruppen, die erst innerhalb der letzten Jahrzehnte ins Blickfeld gekommen sind, wie die Literatur der sich herausbildenden Fachwissenschaften, die Literatur der Technik und der Medizin wie auch die Literatur der praktischen Handreichung. Es gilt auch für die zahllosen Übersetzungen, mit deren Hilfe Deutschland im achtzehnten Jahrhundert Geistesgut aus anderen Ländern aufgenommen und in vieler Hinsicht auch übernommen hat. Vergessen wir nicht, um nur ein Beispiel zu nennen, daß Deutschland an den großen geographischen Erkundungen des achtzehnten Jahrhunderts nicht beteiligt war und nur über den gedruckten Text in Form von Übersetzungen aller wichtigen und mancher unwichtigen Reiseberichte daran partizipiert hat.

Was wir brauchen, ist ein Verzeichnis, aus dem wir dies und vieles andere ermitteln und erfahren können. Mit anderen Worten: ein Verzeichnis, in dem man nicht nur nachschlagen, sondern auch lesen kann. Damit unterbreite ich als einer der voraussehbar vielen künftigen Benutzer eine bescheidene Bitte an die potentiellen Bearbeiter des Verzeichnisses. Was wir gern hätten, ist ein Verzeichnis, das ohne die üblichen Kontorsionen der im deutschen Bibliothekswesen produzierten bibliographischen Aufnahmen auskommt. Das Rad für ein Verzeichnis von Drucken des achtzehnten Jahrhunderts ist bereits erfunden, und es läuft vorzüglich seit mehr als zwei Jahrzehnten. Worauf es bei einem Verzeichnis der deutschen Drucke ankäme, wäre die Möglichkeit der Verzahnung mit einem internationalen Räderwerk, das konsolidiert ist und bereits einen nicht hintergehbaren Standard gesetzt hat.

Was wir brauchen, ist ein Verzeichnis, in dem man nicht nur lesen, sondern auch recherchieren kann, was mehr ist als nur nachschlagen. Wenn das bibliographische Format des Verzeichnisses entworfen wird, sollte berücksichtigt werden, daß die Geschichte des Buches in Deutschland neu zu schreiben ist und daß diese Geschichte wegen des regionalen Charakters des deutschen Geisteslebens komplexer ist als in anderen Ländern. Aus dem Verzeichnis sollte sich die Geschichte des Verlagswesens im achtzehnten Jahrhundert gewinnen lassen. Es sollte Auskunft geben können über die Vermittlungsprozesse bei der Textverbreitung, das heißt: es sollte die Namen von Herausgebern, Übersetzern und anderen an diesem Prozeß Beteiligten festhalten. Und es sollte, wo das einzelne Buch darauf Hinweise enthält, auch Provenienzen dokumentieren, so daß wir Informationen über die Existenz und den Aufbau von Bibliotheken daraus entnehmen können.

Es sollte nicht unbeachtet bleiben, daß es im achtzehnten Jahrhundert in Deutschland einen fremdsprachigen Buchdruck (neben dem lateinischen) gab. Und es sollte nicht übersehen werden, daß es damals auch einen deutschen Buchdruck jenseits des Grenzen des deutschsprachigen Bereichs gegeben hat. Es sollte berücksichtigt werden, daß zwischen zwanzig und dreißig Prozent der Buchproduktion der Epoche nicht in den großen öffentlichen Bibliotheken unseres Landes nachweisbar sind. Dafür gibt es überraschend große – und vielfach seltene Drucke einschließende – Bestände in ausländischen Bibliotheken, fast überall in Europa und nicht zuletzt in den Vereinigten Staaten. In einem Satz zusammengefaßt: Das Netz müßte weit ausgeworfen werden, damit das Verzeichnis ein allenthalben brauchbares und nutzbringendes Recherche-Instrument sein kann.

Brauchen wir also ein Verzeichnis der deutschen Drucke des achtzehnten Jahrhunderts? Ich meine schon. Und vielleicht kommt es ja auch irgendwann zustande. Unentbehrlich ist es jedenfalls bereits heute.

Defizite bibliothekarischer Kataloge aus der Sicht der Forschung
Reinhart Siegert

1 Aufgabenstellung

Der deutsche Sprachraum kennt erst seit 1913 eine kontinuierlich geführte, auf der Abgabe und zentralen Aufbewahrung von Pflichtexemplaren beruhende Nationalbibliographie.[1] Für die Zeit davor muss eine retrospektive Erschließung helfen. Sie wird von zwei Seiten aus vorgenommen: von Seiten der Bibliographen durch Auswertung von Messekatalogen, Rezensionen und allen Erwähnungen von Buchtiteln in der Literatur; von Seiten der Bibliothekare durch Erfassung und Beschreibung der Altbestände, die in Bibliotheken konkret vorliegen.[2] Ich bin aufgefordert, aus Sicht des Kulturwissenschaftlers und Bibliographen[3] kritisch zu mustern, was die andere Seite zum gemeinsamen Ziel beigetragen hat.

Die letzten 25 Jahre haben beachtliche Fortschritte in der Erschließung der Literaturschätze des deutschsprachigen Sprachraums mit sich gebracht. Ich habe alle diese großen Veränderungen aktiv miterlebt und praktisch genutzt und möchte daher diese Entwicklung aus der Sicht des Bibliographen als Leitfaden nehmen, dabei aber freilich Schwerpunkte setzen.

Ich werde zunächst die bibliographische Situation bis Ende der 1970er Jahre kurz skizzieren, dann chronologisch die neuen Hilfsmittel streifen und würdigen, die uns in den 1980er und 1990er Jahren an die Hand gegeben wurden - hier hat Bernhard Fabian mehrfach die Bahn gebrochen und für uns Wissenschaftler Großartiges geleistet -, immer unter dem Aspekt, wie weit sie ältere, unvollkommenere Mittel ersetzt haben. Dann will ich mich eingehender mit den Recherchemöglichkeiten beschäftigen, die der KVK dem Bibliographen mittlerweile bietet, und dabei unterscheiden zwischen der retrospektiven digitalen Erfassung der Altbestände und zwischen deren Neukatalogisierung nach RAK-WB in den letzten 15 Jahren. Ich werde schließlich noch einen Blick werfen auf die „Sammlung Deutscher Drucke" und deren Katalogisierung und auf das

---

[1] Vgl. Michael P. Olson: The Odyssey of a German National Library. Untertitel: A short history of the Bayerische Staatsbibliothek, the Staatsbibliothek zu Berlin, the Deutsche Bücherei and The Deutsche Bibliothek. Wiesbaden: Harrassowitz, 1996 (= Beiträge zum Buch- und Bibliothekswesen, Bd.36). - Zu vielversprechenden Ansätzen 1848 vgl. Johann Goldfriedrich: Geschichte des deutschen Buchhandels, Bd.4, Leipzig 1913, S.311f.

[2] Dem deutschen Sprachgebrauch folgend verstehe ich unter Bibliographie das Verzeichnis eines virtuellen Textbestandes zu einem bestimmten Thema und unter Katalog das Verzeichnis eines tatsächlich vorliegenden Textbestandes an einem Aufbewahrungsort.

[3] Vgl. Anm.24.

VD17 als mögliches Vorbild und dann den Blick nach vorn richten, indem ich aus all dem die Wünsche an eine moderne, EDV-gestützte bibliographische Altbestandserfassung zu formulieren suche und damit eine Antwort auf die Frage gebe, die hinter unserem Rundgespräch steht:

„Brauchen wir nach all den Fortschritten auch noch ein VD18 ?"

2 Die Situation bis Ende der 1970er Jahre - Herkömmliche bibliographische Nachweismittel für Druckprodukte des 18.Jhs. im deutschsprachigen Raum

Die Bibliothekare meiner Altersgruppe haben während ihrer Ausbildung noch den Totok/Weitzel[4] durchbuchstabiert. Was die Erschließung des 18.Jhs. angeht, so hieß dessen Anwendung in der Praxis, für die Jahre 1700-1750 vor allem Heinsius und für die Jahre danach vor allem Kayser heranzuziehen. Beides sind retrospektive Buchhandelsverzeichnisse und das Werk von Privatleuten, keine offiziösen oder gar offiziellen Quellen und schon gar nicht eine von einer zentralen staatlichen Stelle auf Grund von Pflichtexemplaren erstellte Nationalbibliographie. Dennoch ist festzustellen, daß die bibliographische Erschließung des deutschsprachigen Schrifttums des 18.Jhs. durch die zeitgenössischen Buchhändlerverzeichnisse besser ist als ihr Ruf[5]; sie ist, zieht man deren Hauptentstehungszweck in Betracht, sogar erstaunlich gut. Die Grenzen der Buchhändlerverzeichnisse liegen weniger, wie zu vermuten, bei Kleinschriften oder bei zum Zeitpunkt des Erscheinens längst vergriffenen alten Ausgaben und Auflagen, sondern vielmehr im Ausblenden ganzer Regionen: wichtige Verlagsorte wie Brünn und Graz sind weit unterrepräsentiert; von der Schweiz sind fast nur Basel und Zürich berücksichtigt.

Gerade dieser Mangel lässt sich auch nicht durch das Heranziehen der Frankfurter oder Leipziger Messekataloge der Zeit beheben. Eher schon lässt sich mit ihnen die Titelaufnahme in Heinsius und Kayser verifizieren und verbessern; diese entspricht natürlich nicht modernen Anforderungen: gerade Sachtitel sind oft verstümmelt und nur noch wegen ihrer Anordnung nach Schlüsselwörtern zu finden, Umfangsangaben fehlen ganz usw. Doch diese Ergänzung über die Mes-

---

[4] Wilhelm Totok/ Rolf Weitzel: Handbuch der bibliographischen Nachschlagewerke, Frankfurt a.M. 1954 [2.A. 1959, 3.A. 1966, 4.A. 1972, 5.A. 1977, 6.A. 1984/1985].

[5] Sehr negative Einschätzungen bei Hans Joachim Koppitz: Zur Bibliographie der deutschen Buchproduktion des 18.Jhs. in: Zeitschrift für Bibliothekswesen und Bibliographie 9, 1962, S.18-30, und bei Bernhard Fabian: Heinsius, Kayser und die Bibliographie des achtzehnten Jahrhunderts, in: ZBB 27, 1980, S.298-302; relativiert durch Rudolf Blum: Nationalbibliographie und Nationalbibliothek. Die Verzeichnung und Sammlung der nationalen Buchproduktion, besonders der deutschen, von den Anfängen bis zum zweiten Weltkrieg, in: AGB 35, 1990, S.1-294.

sekataloge und eine ganze Reihe von Zusatzinstrumenten ist sehr aufwendig, und ich muss hier auch nicht darauf eingehen, da sie gleich in den modernen Sammelwerkzeugen zur Sprache kommt. Erwähnen aber muss ich die auf Rezensionen aufbauende und diese Rezensionen nennende Erschließung in Johann Samuel Erschs „Allgemeinem Repertorium der Literatur", auf die Paul Raabe vor Jahren hingewiesen hat[6]. Diese Erschließung ist zu ihrer Zeit einzigartig und macht die Jahre 1785-1795 (eingeschränkt auch bis 1800[7]) zum besterschlossenen Zeitraum der älteren deutschen Literaturproduktion; es ist zu hoffen, daß die Fortführung des Göttinger Rezensionsindex irgendwann einmal Erschs Pionierarbeit auf die bisher ganz besonders schlecht erschlossenen Folgejahre ausdehnt - und dass das „Allgemeine Repertorium" einmal ebenso EDV-recherchierbar vorliegt.[8]

3 Veränderungen in den letzten 25 Jahren

3.1 Das GV alt, 1700-1910 (erschienen 1979-1987)[9]

Mit dem Jahr 1979 begann ein neues Zeitalter für das bibliographische Recherchieren von historischen Schriften: das GV begann zu erscheinen. Nun waren nicht nur die auf 27 Zeitsegmente in Heinsius und Kayser verstreuten Druckprodukte von 1799-1910 in einem Alphabet versammelt, sondern aus vielfältigen anderen Quellen mit mehreren tausend Alphabeten[10] ergänzt. Diese Ergänzungen bringen insbesondere wertvolle Autorenzuweisungen für Anonyma, manchmal auch Präzisierungen der Titelaufnahme gegenüber Heinsius und Kayser. Sie können aber nicht besser sein als ihre Vorlagen; in vielen Fällen stehen sich widersprechende Angaben nebeneinander. Für die rasche Benutzung ist das GV ein Segen. An den regionalen Erfassungslücken von Heinsius und Kayser

---

[6] Raabe, Paul: Zur Bibliographie der Goethezeit. In: Euphorion 48, 1954, S.216-219.

[7] Die kostspielige Sysyphusarbeit, nachträglich das unhandliche und unvollständige Notregister zu Ersch's 3. Zeitraum (1796-1800) durch ein so mustergültiges wie die zu den beiden ersten Zeiträumen zu ersetzen, bedarf wohl eines eigenen Geldgebers.

[8] Da es original in Antiqua gesetzt ist, wäre ein Einscannen an sich kein Hexenwerk. Die Schrift weicht jedoch so erheblich von modernen Standardschriften ab, dass ein speziell trainiertes OCR-Programm Voraussetzung wäre; das Werk ist außerdem oft sehr klein und auf schlechtes Papier gedruckt, sehr anspruchsvoll formatiert und wegen seiner vielen Zahlenangaben mit wenig Redundanz, so dass das aufwendige Kontroll-Nacharbeiten voraussetzte und über die reine Menge hinaus eine große Aufgabe wäre.

[9] Zur Entstehungsgeschichte s. Klaus G. Saur: Das Gesamtverzeichnis des deutschsprachigen Schrifttums 1700 bis 1965. In: Bibliothek in der Wissensgesellschaft. Festschrift für Peter Vodosek. Hg. von Askan Blum [...]. München: K.G. Saur, 2001, S.294-300.

[10] Saur: GV, 2001, S.296.

konnte es jedoch wenig ändern, und es sei auch nicht verschwiegen, dass es durch rätselhafte Lücken[11], durch die für eine deutsche Bibliographie ungewohnte Einordnung der Umlaute[12] und durch die inkonsequente Anordnung innerhalb der Sachtitel neue und angesichts seiner scheinbar so einfachen Benutzung unterschätzte Fehlerquellen geschaffen hat. Zudem beruht es auf der fotomechanischen Wiedergabe seiner - in winzige Kopienschnipsel zerlegten - Vorlagen; es setzt die Beherrschung von Frakturschrift voraus und widersetzt sich bisher[13] jeder Digitalisierung.

3.2 Das DBA (erschienen 1982/1983, Register 1986; NF 1989-1993, Register 1998; 3.Serie: 1999-2002)

Eine zweite Erschließungsgroßtat stellt das DBA dar. Es ist leider ebenfalls behaftet mit den Handicaps seiner Quellen und den zusätzlichen Handicaps der Microfiche-Technik. Die abfotografierten Vorlagen sind, was das 18.Jh. angeht, oft in Fraktur gedruckt und oftmals wegen durchschlagender Rückseiten u.ä. außerordentlich schlecht lesbar; in der Bibliothekspraxis tragen klemmende, ausgeleierte Lesegeräte, in den Ordnern verstellte Fiches, aus ebendiesem Grund unter Verschluss gehaltene Ordner und die aufwendige Kopiermöglichkeit das Ihre bei, um von der Benutzung abzuschrecken. Dabei ist der Inhalt eine großartige Ergänzung zum GV: Ein Teil der DBA-Einträge weist sehr präzise bibliographische Angaben nach, die deutlich genauer sind als die in den Bücherlexika von Kayser und Heinsius. Insbesondere für den Nachweis von Raubdrucken und späteren Ausgaben ist das DBA eine vorzügliche Quelle. Außerdem sind hier zu den Autoren oft auch Zeitschriftenbeiträge nachgewiesen, die auf andere Weise

---

[11] Nicht nur bei einzelnen Sachtiteln, wo man ein Verstellen vermuten könnte, sondern auch bei ganzen Autoren; wer z.B. die Einträge zu dem Vielschreiber Johann Ludwig Ewald (1747-1822) in Kayser, Heinsius und GV vergleicht, kann sich nur wundern (106 Einträge bei Heinsius, 106 Einträge + 10 Verweise auf Sachtitel bei Kayser, aber nur 42 Einträge im GV). Ob solche Lücken häufiger vorkommen, kann ich nicht sagen; unsere Datenbank (vgl. Anm.24) verzeichnet immerhin 94 Einträge von Titeln, die wir zwar bei Heinsius oder Kayser, nicht aber im GV finden konnten.

[12] Umlaute werden im GV wie in Konversationslexika behandelt wie ihr Grundlaut; das Lemma "Völkerbund" z.B. ist daher nicht hinter "Vod" unter "Voe" zu finden (obwohl in GV alt 151, 1986, S.463 auf "Vodusek" "Voet" folgt), sondern in GV 152, 1986, S.50 hinter "Volker". Was bei einem 24bändigen Lexikon mit vorwiegenden Sachbegriffen seine Berechtigung hat, erweist sich in einer 160bändigen Bibliographie als unhandlich und fehlerträchtig.

[13] OCR für Fraktur war bislang ein unlösbares Problem, wie ich aus eigener leidvoller Erfahrung weiß. Die Softwarefirma Abbyy hat schon 2003 für ihr OCR-Programm "Finereader" reklamiert: "Weltpremiere: Erste Omnifont OCR-Software zur Erkennung von Frakturschrift"; vielversprechende Proben dieses mit Hilfe von historischen Wörterbüchern arbeitenden Programmmoduls liegen vor, doch konnte ich bisher kein konkretes Angebot über eine einsatzbereite Programmlizenz erhalten.

nicht auffindbar sind. Und zusätzlich können hier im selben Arbeitsgang die biographischen Basisdaten für die jeweiligen Autoren erhoben werden. Für Sachtitel kann das DBA naturgemäß nicht weiterhelfen - und ein erheblicher Teil der Literaturproduktion des 18.Jhs. ist anonym und fällt daher unter diese Rubrik.

3.3 „Handbuch der historischen Buchbestände" (erschienen 1992ff.)[14] und „Sammlung deutscher Drucke 1450-1912" (Arbeitsbeginn 1990; beide 1983 initiiert)

Durch seine programmatische Studie „Buch, Bibliothek und geisteswissenschaftliche Forschung" (Göttingen 1983) hat wiederum Bernhard Fabian zwei Projekte angestoßen, die ein Stück auf unser Ziel zu führen: Das „Handbuch der historischen Bibliotheksbestände" und die „Sammlung deutscher Drucke". Beide suchen dem Umstand Rechnung zu tragen, dass im deutschen Sprachraum keine zentrale Nationalbibliothek besteht und die historischen Buchbestände in ganz ungewöhnlichem Maße dezentralisiert sind. Das „Handbuch der historischen Bibliotheksbestände" sucht als Kumulation von einzelnen Bibliotheksgeschichten in Verbindung mit der differenzierten Darstellung von dem, was von deren Altbeständen nach den Verlusten des 2. Weltkriegs erhalten gebliebenen ist, deren Schwerpunkte auszuloten. Es ging aus von der nüchternen Prognose, dass die Benutzung des historischen Schrifttums aus konservatorischen Gründen schwieriger würde: „Das alte Buch wird nicht mehr zum Wissenschaftler kommen: er wird es am Ort seiner Aufbewahrung aufsuchen müssen. Für diese Situation eines eingeschränkten oder gänzlich eingestellten Leihverkehrs ist das Handbuch als Hilfsmittel des historisch arbeitenden Bibliotheksbenutzers gedacht."[15]

Noch einen Schritt weiter in der Hilfestellung sollte die „Sammlung Deutscher Drucke" gehen. Für das historisch bedingte Manko, dass in Deutschland bis 1912 keine zentrale Nationalbibliothek die Sammlung und bibliographische Aufarbeitung der nationalen Literaturproduktion übernommen hat, wurde hier ein pragmatischer Ansatz zur retrospektiven Reparatur getan. Angesichts der bestandsreichen und leistungsstarken Bibliotheken in den Regionen (s. „Handbuch der historischen Buchbestände") ergänzen fünf ausgewählte deutsche Bib-

---

[14] Handbuch der historischen Bibliotheksbestände; 1991-1997 für Deutschland; 1994ff. für Österreich.; Schweiz noch ausstehend [Aus dem früheren deutschen Sprachraum fehlen außerdem: Elsass, Baltikum, Tirol, Luxemburg, Böhmen, Mähren, Ungarn].

[15] Bernhard Fabian: Vorwort zu "Handbuch der historischen Buchbestände in Deutschland", hier entnommen aus Bd.7: Baden-Württemberg und Saarland, Hildesheim [usw.] 1994, S.9-11, Zitat: S.10.

liotheken mit jeweils besonders großem Grundbestand zu einem Zeitsegment durch Sondermittel diesen ihren besonderen Schwerpunkt durch Zukäufe.

„Das Ziel der Sammlung deutscher Drucke ist die zentrale Bereitstellung der Drucke einer Epoche im Original oder als technische Reproduktion. Gesammelt werden alle innerhalb und außerhalb des Buchhandels erschienenen Drucke, die in den für den betreffenden Zeitraum maßgebenden geographischen Grenzen des deutschen Sprachgebietes bzw. in deutscher Sprache im Ausland erschienen sind",

hat damals Georg Ruppelt als Vorsitzender der Arbeitsgemeinschaft dieser Bibliotheken formuliert.[16] Dabei ging man davon aus, dass

„Die unterschiedlichen Sammeltraditionen und -aufträge der Bibliotheken, vor allem die ungeheuren Kriegsverluste, [...] der Grund dafür [sind], daß auch die Summe aller Bibliotheken im vereinigten Deutschland kein Äquivalent für eine Nationalbibliothek darstellen kann"[17],

dass also nicht einfach ein gut funktionierendes Fernleihsystem den Mangel beheben konnte. Die „Sammlung Deutscher Drucke" wurde 1989 ins Leben gerufen; 1990-1995 begann sie mit einer von der Volkswagenstiftung finanzierten Einführungsphase. Als Sammelbibliothek für das 18.Jh. wurde die SuUB Göttingen ausgewählt, wo Gerd-J. Bötte als Leiter des Sammelprojekts das Kunststück versuchte, ohne zusammenfassenden Bestandsüberblick insbesondere Schriften der Zeit anzukaufen, die nicht in die traditionellen Sammelgebiete der großen Bibliotheken fallen und bei denen besonders zu vermuten war, dass sie in wenigen oder in gar keiner öffentlichen Bibliothek greifbar waren. Dass das der Göttinger Sammelstelle in ganz hervorragendem Maße geglückt ist und dass es hier innerhalb ganz verblüffend kurzer Zeit gelungen ist, einen schmerzlichen Fehlbestand deutlich zu verringern, habe ich an anderer Stelle untersucht[18]. Dasselbe scheint übrigens inzwischen für die UuStB Frankfurt a.M. zu gelten, die die Sammelaufgabe für den Zeitraum von 1801-1870 übernommen hat und zunächst ein etwas überraschender Ausgangsort dafür zu sein schien: auch hier ist

---

[16] Georg Ruppelt: Die Sammlung deutscher Drucke 1450-1912. [Vortrag zur] Ausstellungseröffnung am 7. September 1993 im Niedersächsischen Landtag in Hannover. In: Wolfenbütteler Bibliotheks-Informationen, Jg.18, 1993, Nr.3-4, S.6f.

[17] ebd.

[18] Reinhart Siegert: Die "Sammlung Deutscher Drucke" aus der Sicht des wissenschaftlichen Benutzers. Ein Praxistest an sperrigem bibliographischem Material. In: "Nur was sich ändert, bleibt". 88. Deutscher Bibliothekartag in Frankfurt am Main 1998. Hg. von Sabine Wefers. Frankfurt a.M.: Klostermann 1999 (= Zeitschrift für Bibliothekswesen und Bibliographie, Sonderheft 75), S.199-205.

in wenigen Jahren ein beträchtlicher Bestand an Druckerzeugnissen erworben worden, die nirgendwo anders bisher nachweisbar sind.

Schon damals hatte Bernhard Fabian betont, dass weder das „Handbuch der historischen Bibliotheksbestände" noch die „Sammlung deutscher Drucke" ein Ersatz für eine deutsche retrospektive Nationalbibliographie sein könnten, wohl aber eine wertvolle Ergänzung und ein Stück Weg dorthin.

4 Der KVK (1996ff.) als bibliographisches Instrument - ein pragmatischer Ersatz für die fehlende deutsche Nationalbibliographie?

4.1 Bibliothekarische Kataloge als bibliographische Nachweismittel

In einem Zentralstaat mit Abgabepflicht müsste idealiter die Nationalbibliographie als Kernbestand der Staatsbibliothek greifbar vorliegen; der bibliothekarische Katalog dieses Kernbestandes würde zum bibliographischen Nachweismittel. Unter deutschen Verhältnissen müsste ein gemeinsamer Katalog aller regionalen Bibliotheken diesem Ideal immerhin einigermaßen nahekommen.

Dieser Gedanke hat wohl hinter dem „Deutschen Gesamtkatalog"[19] gestanden, dessen Sinn unter Bibliothekaren umstritten ist[20], dessen Vollendung für die Nationalbibliographie jedoch gewiss einen gewaltigen Sprung nach vorn bedeutet hätte. Er ist, wie wir wissen, Torso geblieben und außerdem (bis auf den späten Nachtrag Beeston-Belych) in das GV eingegangen, so dass ich hier nicht darauf eingehen muss.

Reinhard Oberschelp, der das GV initiiert und sich damit um die bibliographische Seite der Titelaufbereitung bleibendes Verdienst erworben hat[21], hat 1978 eine Fortführung des „Deutschen Gesamtkatalogs" aus praktischen Gründen verworfen. Ihm ging es vor allem um eine rasch praktikable Verbesserung der Fernleihsituation. Daher mahnte er zum Verzicht auf den Ehrgeiz des alten „Deutschen Gesamtkatalogs", mit dem Bestandsnachweis zugleich vorbildliche Titelaufnahmen zu bieten[22]. Sein neuer „Deutscher Gesamtkatalog" sollte lediglich die bereits vorhandenen und sortierten Titelaufnahmen der regionalen Ge-

---

[19] Deutscher Gesamtkatalog [...]. Bd.1-14: Berlin 1931-1939; Bd.15: Neuried 1979).

[20] Vgl. Bernd Hagenau: Der Deutsche Gesamtkatalog. Vergangenheit und Zukunft einer Idee. Wiesbaden: Harrassowitz 1988 (= Beiträge zum Buch- und Bibliothekswesen, 22).

[21] Vgl. Klaus G. Saur: Das Gesamtverzeichnis des deutschsprachigen Schrifttums 1700 bis 1965. In: Bibliothek in der Wissensgesellschaft. Festschrift für Peter Vodosek. Hg. von Askan Blum [...]. München: K.G. Saur, 2001, S.294-300.

[22] Reinhard Oberschelp/ Paul Niewalda: Deutscher Gesamtkatalog und Verbundkatalog. Zwei Projektstudien. Berlin: Dt. Bibliotheksverband, 1978 (= Bibliotheksdienst, Beiheft 131), S.13.

samtkataloge und der darin nicht vertretenen großen Bibliotheken bündeln. Daher sollte sein „DGK keine Bibliographie sein. Er soll nur Standortnachweise zu Titeln liefern, die in der Regel an anderer Stelle bibliographisch einwandfrei beschrieben sein werden. Man muß sich deshalb damit begnügen, wenn die Titelaufnahme die Identifikation eines Buches ermöglicht."[23] Er beschäftigt sich in seinem Projektvorschlag noch mit „Randzahnkarten", hat aber die EDV als Zukunftstechnologie bereits im Blick.

Was der alte „Deutsche Gesamtkatalog" im Zeitalter der manuellen Schreibmaschine mit riesigem Aufwand versuchte, scheint uns im EDV-Zeitalter mittlerweile geradezu in den Schoß zu fallen. Seit 1996 steht der „Karlsruher Virtuelle Katalog" den Benutzern offen. Und im Zeichen der retrospektiven Altbestandserfassung mit EDV gilt das auch für den Zugang zu Beständen des 18.Jhs. Natürlich ist der KVK vor allem als Hilfsmittel für die Fernleihe gedacht; in unserem Zusammenhang ist jedoch die Frage, was er bibliographisch hergibt - ob etwa eine pragmatische Lösung für das Bedürfnis nach einer retrospektiven Nationalbibliographie darstellt.

Eigene Erfahrungen damit sammeln konnte ich im Rahmen des bibliographischen Erschließungsprojekts „Volksaufklärung", das Holger Böning in Bremen und ich in Freiburg seit 1988 gemeinsam betreiben.[24]

Mit der bibliographischen Arbeit begonnen habe ich noch mit Hilfe von Heinsius und Kayser, dann dankbar das GV und das DBA benutzt, einen methodisch und inhaltlich überaus ergiebigen, sehr intensiven Streifzug im ZKBW unternommen und ganz substantielle Hilfe durch die Abteilung 18.Jh. der „Sammlung deutscher Drucke" erhalten. Kurz vor Drucklegung des zweiten Zeitsegments unserer Bibliographie wurde der KVK zugänglich und allmählich auch ergiebig. Mit dafür eingeworbenen Drittmitteln konnte ich durch Absolventinnen der Stuttgarter Fachhochschule für Bibliothekswesen eine Suchliste von 6.000 Titeln im KVK nachschlagen und die Treffer ausdrucken lassen. Die dort vorgefundenen Angaben habe ich in den letzten Monaten bibliographisch ausgewertet und in unsere Datenbank eingegeben. Etwa 600 weitere Titel habe ich in den letzten Wochen selbst im KVK nachgeschlagen, so dass ich insgesamt einen ganz guten Praxiseindruck von der bibliographischen Aussagekraft des KVK zu haben glaube.

---

[23] Ebd. S.16.

[24] Holger Böning/ Reinhart Siegert: Volksaufklärung. Biobibliographisches Handbuch zur Popularisierung aufklärerischen Denkens im deutschen Sprachraum von den Anfängen bis 1850, Bd.1-4, Stuttgart-Bad Cannstatt: Frommann-Holzboog 1990 ff (Bd.1: 1990, Bde. 2.1 und 2.2 2001; dazu umfassende Datenbank.)

4.2 Der KVK als bibliographisches Instrument: Quantität

Zunächst ist daran zu erinnern, dass noch längst nicht alle Altbestände retrospektiv in EDV erfasst sind. Vom augenblicklichen Erfassungsstatus kann ein Blick in meine Datenbank einen guten Eindruck geben. Von 6.148[25] im KVK nachgeschlagenen Titeln unseres Volksaufklärungs-Thesaurus waren 2.690 (= 43,8 %) im KVK nachweisbar. Das ist beachtlich, aber als Basis einer Nationalbibliographie natürlich unzureichend. Es wird zusätzlich dadurch relativiert, dass sich allein durch das Nachschlagen im alten Zettelkatalog des Zentralkatalogs Baden-Württemberg (ZKBW) von denselben 6.148 Titeln 2.236 (= 36,3 %) nachweisen ließen, und zwar mit deutlich geringerem Aufwand von Arbeitszeit. Wenn allein die Altkatalogisate eines einzigen Zentralkatalogs - zugegebenermaßen des Zentralkatalogs eines mit ganz besonders interessanten Bibliotheksbeständen gesegneten Bundeslandes[26] - nur unwesentlich hinter den EDV-Nachweisen für ganz Deutschland, Österreich und die Schweiz[27] zurückbleiben, dann muss die EDV-Erfassung der Altbestände von Vollständigkeit doch noch sehr weit entfernt sein.

4.3 Der KVK als bibliographisches Instrument: Qualität

Ich möchte bei der Auswertung unterscheiden zwischen der EDV-Eingabe von Altkatalogisaten und der Neuaufnahme von Altbeständen mittels EDV, die sich nebeneinander im KVK vorfinden.

---

[25] Da wir zum Zeitsegment 1781-1800 unserer Volksaufklärungs-Bibliographie nur ganz am Schluss noch wenige Titel im KVK nachschlagen konnten, muss ich hier auf den Anschluss-Zeitraum ausweichen. Als Basismaterial dienen hier nur selbständig erschienene Titel aus dem Zeitraum 1801ff., der Vergleichbarkeit halber eingeschränkt auf Titel, die sowohl im KVK als auch im ZKBW nachgeschlagen wurden. Die Zahlen lassen sich nach meiner Erfahrung jedoch zumindest auf die 2. Hälfte des 18.Jhs. übertragen.

[26] Siehe dazu Reinhart Siegert: Zur Bedeutung des Zentralkatalogs Baden-Württemberg im Rahmen der retrospektiven Katalogkonversion und einer deutschen Nationalbibliographie. In: Bibliothek - Kultur - Information. Beiträge eines internationalen Kongresses anläßlich des 50jährigen Bestehens der Fachhochschule für Bibliothekswesen Stuttgart [...]. Hg. von Peter Vodosek [...]. München [usw.]: K.G. Saur 1993 (= Beiträge zur Bibliothekstheorie und Bibliotheksgeschichte, Bd.8), S.186-203. - Der Genauigkeit zuliebe sei angemerkt, dass der alte ZKBW auch beträchtliche Bestände aus Rheinland-Pfalz und aus dem Saarland verzeichnet, aber nicht wie der SWB Bestände aus den neuen Bundesländern.

[27] Wobei angemerkt sei, dass die KVK-Recherche in den österreichischen und Schweizer Katalogen lange Zeit so unergiebig war, dass eher technische Probleme dahinter zu vermuten sind. Auch jetzt funktioniert sie nach meiner Erfahrung nur dann einwandfrei, wenn man sämtliche von den Rechenzentren empfohlenen Sicherheitseinstellungen bezüglich Javascript deaktiviert - ein Ärgernis.

4.3.1 Der KVK als Produkt der EDV-Eingabe von Altkatalogisaten

Ein beträchtlicher Teil der im KVK vorgefundenen Titel des 18.Jhs. beruht auf der mechanischen EDV-Übernahme von Altkatalogisaten. Diese können nicht besser sein als ihre Vorlagen, und mit denen hapert es gewaltig. Ausgerechnet die Titelaufnahmen einiger Bibliotheken mit ganz besonders guten Beständen des 18.Jhs. sind ungewöhnlich schlecht. Die der LB Dresden und der UB Leipzig sind zwar, so weit ich es überprüfen konnte, nicht falsch, aber von lakonischer Kürze. Längere Titelformulierungen, Untertitel, Verlage, Kollationierung bleiben auf der Strecke. Miserabel, weil unzuverlässig sind die ebenfalls kurzen alten Titelaufnahmen der WLB Stuttgart, den negativen Höhepunkt stellen leider ausgerechnet die der BSB München mit ihren riesigen Beständen dar - hier sind von ungekennzeichneten Titelkürzungen über Lesefehler, über die nur ungefähre Wiedergabe der eigentlichen Titelformulierung bis zu weggelassenen Ausgabenbezeichnungen alle Untugenden vertreten, die ein Bibliograph an früheren Bibliothekaren fürchten kann. Es hat keinen Sinn, längst verblichenen Weißwurstessern den Fluch des heutigen Bibliographen ins Grab nachzuschleudern; es hat aber auch wenig Sinn, nach derartigen Angaben eine Bibliographie anzulegen. Dass es aus derselben Zeit auch vorzügliche alte Titelaufnahmen gibt, etwa von der LB Speyer oder von der UB Freiburg, nützt dem Bibliographen nichts, da deren Altbestände im KVK noch nicht verzeichnet sind.

Damit soll nicht gesagt sein, dass die aus Kostengründen erfolgte ungeprüfte Eingabe von Altkatalogisaten wertlos sei. Wer - aus welcher Quelle auch immer - genau weiß, was er sucht, wird mit einiger Wahrscheinlichkeit den Standort des gesuchten Werkes finden. Der umgekehrte Weg jedoch funktioniert nicht: wer aus solchen Angaben eine Bibliographie erstellen würde, würde hinter den bibliographischen Standard von Heinsius und Kayser in den 1830er Jahren zurückfallen.

4.3.2 Der KVK als Produkt der Neuaufnahme von Altbeständen mittels EDV

Beträchtlich ist mittlerweile jedoch auch die Zahl der Neuaufnahmen von Titeln des 18.Jhs., die im Rahmen der retrospektiven digitalen Altbestandserfassung über den KVK recherchierbar sind. Und hier müssten die genannten Probleme doch eigentlich behoben sein; schließlich gilt jetzt RAK-WB.

Doch die Wirklichkeit sieht anders aus. Zum einen „menschelt" es auch hier. Es gibt unkorrigierte Tipp- und Lesefehler und Flüchtigkeitsfehler bei der Titelübertragung, die mangelnde Frakturkenntnisse, Zeitdruck und manchmal auch fehlendes Hintergrundwissen vermuten lassen.

[*Beim Vortrag in Halle habe ich das an Hand von Screenshots aus der praktischen Arbeit der letzten Wochen verdeutlicht, die allen Teilnehmern als Handout vorlagen. Die Beispiele bezogen sich auf*

1) falsche Titelwiedergabe („Bruno's Gleichnisse oder die fromme Trauer/der fromme Bauer" (1818/1825/o.J.; „Schatzkästlein für den Bürger und Landmann oder auserlesene Sammlung vergänglicher .../ vorzüglicher und erprobter Rathschläge"; „So ein Theolog auch ein Belletrist seye?/ Soll ein Theologe auch ein Belletrist seyn?")

2) ungenaue Verfasserformel (Wessenberg: Elementarbildung, n.A., 1835: Vornamen „J.H./ Ignaz H./ von I.H.")

3) unverständliche Titelaufnahme bei Pseudonymität und Anonymität (Der Hausarzt, 3.A., 1843: „/ von Friedr. Richter. Autor: Carl Georg Heinrich Westphal")

4) unverständliche, widersprüchliche Erscheinungsjahre (Aufrichtig-teutsche Volks-Zeitung: „1795, 1799, 1795", „1795-1797", „Bestandsangabe 1798")

5) unverständliche, widersprüchliche oder aber bei Sammeleinträgen fehlende Ausgabebezeichnung (Stöber: Erzählungen, 2.A.: 1843/1846/1851?)

6) Syndrom dieser Fehler mit falschem/ fehlendem oder nicht kenntlichgemachtem ermitteltem Verfasser: „Ein/Die Östreicher/Österreicher in Baiern" ... [Untertitel differierend], von Johann Christoph Aretin/ ... von Faßmann/ Johannes Rastlos/ Georg Sebastian Plinganser, o.J./ „im hundertsten Jahre nach der Sendlinger Schlacht"/ 1805)]

Exkurs: RAK-WB in Anwendung auf die retrospektive Altbestandserfassung mit EDV

Manche der genannten Fehler wären wohl behebbar durch bessere Mitarbeiter-Schulung oder durch weniger Zeitdruck. Das Hauptproblem scheint mir aber zu sein, dass die Titelaufnahme nach RAK erfolgt. RAK wird sicher seine Verdienste und Stärken haben, vielleicht in der Aufnahme von Körperschaften, und ich weiß selbstverständlich, dass die Eingabe in eine Datenbank eine Segmentierung einzelner Titelaufnahme-Bestandteile erfordert.

Mir scheinen aber bei der Konzeption von RAK vier grundsätzliche Fehlgriffe unterlaufen zu sein:

1) Die Missachtung des Sprachgebrauchs. Wer sich in deutscher Sprache gewandt und differenziert auszudrücken weiß, für den sind Semikolon und Doppelpunkt wichtiges Unterscheidungszeichen in hypotaktischen Sätzen, wie sie speziell im Deutschen häufig vorkommen, und zudem wichtige Stilmittel; ob Komma, Strichpunkt, Doppelpunkt oder Punkt zwischen zwei (Teil-)Sätzen, hat Auswirkungen nicht nur auf Groß- und Kleinschreibung, sondern vor allem auf den Satzbogen beim Sprechen. Zwei so wichtige Zeichen als datenbanktechnische Sprungmarken zu missbrauchen, halte ich für einen groben Fehlgriff. Man sollte von einer Titelaufnahme doch wohl erwarten können, dass man sie zitieren, vorlesen, aussprechen kann.

2) Die Missachtung des alten Restauratorengrundsatzes, dass nur Zutaten erlaubt sind, die auch wieder entfernt werden können. RAK versucht, längere Titelformulierungen nach angelsächsischem Vorbild mechanisch in Ober- und Untertitel zu zerlegen: „Vor dem ersten Zusatz zu einem Sachtitel steht Spatium, Doppelpunkt, Spatium (:); vor jedem weiteren Zusatz zu demselben Sachtitel steht Spatium, Semikolon, Spatium (;)."[28] Nur steht dort bei Titeln des 15. bis 19.Jhs.[29] in der Regel schon etwas: nämlich die originalen Satzzeichen samt entsprechender Groß- und Kleinschreibung. Die eben kritisierten sogenannten „Deskriptionszeichen" nach RAK[30] treten nicht hinzu, sondern an ihre Stelle; die Hoffnung, dass die von Titelaufnahme zu Titelaufnahme wechselnde Groß- oder Kleinschreibung hinter dem RAK-Semikolon oder RAK-Doppelpunkt dem Original entspräche und sich somit die originale Zeichensetzung und der originale Satzbau danach in den meisten Fällen wiederherstellen ließe, erwies sich als Illusion.

3) Dasselbe gilt für die Verfasserformel, die auf den ersten Blick sogar eine Präzisierung gegenüber den alten preußischen Normen zu sein scheint. Sie

---

[28] Klaus Haller/ Hans Popst: Katalogisierung nach den RAK-WB. Eine Einführung in die Regeln für die alphabetische Katalogisierung in wissenschaftlichen Bibliotheken. 6., durchges. u. aktualisierte Aufl. München: Saur, 2003, S.22.

[29] Die im 20.Jh. verbreitete Mode, aus typographischen Rücksichten auf Titelblättern Satzzeichen wegzulassen, bezieht sich auch nur auf die Zeilenenden.

[30] Ein bisschen schlechtes Gewissen spricht wohl noch daraus, dass die Deskriptionszeichen (nicht alle!) durch ein sonst nicht übliches Spatium vor dem Zeichen als Kunstzeichen kenntlich gemacht sind. Doch welcher Normal-Benutzer weiß das und sieht das, insbesondere bei der auch im KVK üblichen Benutzung von Proportionalschrift.

wird bekanntlich vom Titelblatt übernommen und durch Spatium - Schrägstrich - Spatium von der Titelformulierung abgetrennt. Aber auch hier zeigt sich, dass entweder bei der Eingabe zu viele Fehler vorkommen oder aber Willkür herrscht: ob in RAK-Titelaufnahmen das Wörtchen „von" nach dem Schrägstrich groß oder klein geschrieben ist, sagt über die Originalschreibweise nichts aus, und Autopsie zeigt: das Wörtchen muss im Original nicht einmal dastehen![31] Und vorangestellte Familiennamen wie in vielen RAK-Verfasserformeln dürften auf Titelblättern kaum vorkommen. Die scheinbare Präzisierung erweist sich als nahezu wertlos; sie kann lediglich dann etwas nützen, wenn sie Namensformen nachweist, die nicht der Ansetzung durch die Personennormdatei entsprechen.

4) RAK unterscheidet nicht klar zwischen Angaben, die nicht auf dem Titelblatt, aber doch anderswo im Buch stehen, und solchen, die von außen (z.B. aus Bibliographien) ermittelt sind. So besagt eine Verfasserangabe nach RAK in eckigen Klammern keineswegs, dass der Verfasser ermittelt ist, sondern kann auch heißen, dass er im Buch selbst zu finden war, nur nicht an der von RAK dafür vorgesehenen Stelle.[32] Anonyma sind in der Titelaufnahme damit nicht mehr als solche zu erkennen, Pseudonyma nur durch durch die Diskrepanz zwischen Haupteintrag unter dem ermittelten Verfasser und Verfasserangabe im Buch.

Die Missachtung des normalen Sprachgebrauchs und die Umdefinition der normalen Zeichenverwendung haben dazu geführt, dass die Literaturverzeichnisse wissenschaftlicher Arbeiten nicht mehr mit den bibliothekarisch geforderten Angaben zusammenfallen, und umgekehrt, dass sich aus einer nach RAK erstellten Katalogtitelaufnahme in vielen Fällen der korrekte Titelwortlaut nicht mehr herstellen lässt. Weitere Regeln über die Behandlung einer Mehrzahl von Verfassernamen, einer Mehrzahl von Verlagsorten usw. lassen bei der Titelaufnahme nach RAK Angaben wegfallen, die der Bibliograph des 18.Jhs. unbedingt braucht, um Ausgaben von einander unterscheiden zu können; die ungenügende Kennzeichnung von Standardangaben, die im Original fehlen, wie Verfasser, Ausgabenbezeichnung, Verlagsort, Verlag, Erscheinungsjahr[33] schafft zusätzliche Fehlerquellen.

---

[31] Ich weiß freilich, dass das in RAK an sich geregelt ist. Die Praxis entspricht dem aber nicht.

[32] Vgl. die Anleitung bei Haller/Popst (wie Anm.28) S.27.

[33] Nur die fehlende Angabe des Verlagsortes wird mit "(s.l.)" vermerkt, die Angabe von fehlenden oder angezweifelten Erscheinungsjahren dürfte sich nur der verschwindend kleinen Benutzergruppe erschließen, die das Regelwerk benutzt. (Vgl. Haller/Popst - wie Anm 28 - S.282).

4.4 Der KVK als bibliographisches Instrument: Benutzerfreundlichkeit

Der Benutzer des KVK muss, wie gesagt, nicht nur damit rechnen, dass die in EDV vorliegenden Altbestands-Titelaufnahmen nach unterschiedlichen Normen erfolgt sind. Hinzu kommt aber jetzt das Nebeneinander von unterschiedlichen Erfassungsmasken der unterschiedlichen Bibliotheksverbünde mit stark abweichenden Bildschirm-Anzeigen und stark abweichenden Eingabekonventionen, die vom Benutzer unterschiedliche Suchstrategien erfordern.

Ich will auch das an einigen Beispielen vorführen.

1) Schwachstelle Verfasserangabe:

Hier ist vor allem die unglückselige Abkürzung des zweiten Vornamens nach RAK[34] in Kombination mit den unterschiedlichen Eingabekonventionen und Trunkierungsregeln der Verbünde verhängnisvoll.

Beispiel 7: die Suche nach den Werken von Johann Erich Berger erbringt je nach Suchroutine[35] über 2300/ 29/ 22/ 19/ 13 Treffer, dabei nur unter den 2300 vermutlich alle wirklich einschlägigen

2) Schwachstelle Titelformulierung:

Es geht weiter damit, dass manche Verbünde Titel in Originalrechtschreibung mit „th" und „ey" usw. eingeben, andere aber in normierter Form. Wer unter der einen Konvention sucht, findet die unter der anderen eingegebenen Titel nicht; Joker helfen dabei nicht

3) Schwachstelle Ausgabenbezeichnung:

Wo Ausgabenbezeichnungen schon in den Titelaufnahmen fehlen, lässt sich nichts machen; selbst wenn sie vorhanden sind, fehlen sie aber in den Anzeigemasken einiger Verbünde. Die Suche nach bestimmten Ausgaben wird somit unnötig mühsam.

Beispiel 8: Mühsamer Weg zur Anzeige bei Knigge: Vom Umgang mit Menschen, 1/2

---

[34] Daran halten selbst die "Regeln für die Katalogisierung alter Drucke" noch fest. (Regeln für die Katalogisierung alter Drucke. Erarbeitet von der Arbeitsgruppe des Deutschen Bibliotheksinstituts "RAK-WB und Alte Drucke". Hg. und eingeleitet von Klaus Haller. Berlin: Dt. Bibliotheksinstitut, 1994 (= Schriften der Deutschen Forschungsgemeinschaft); s. dort S.111).

[35] Berger, Johann/ Johann E./ J.E./ Johann Erich/ j? e? (letzteres, wie von der Hilfe-Funktion des KVK empfohlen).

4) Schwachstelle Mehrbändigkeit:

Zur Verzeichnung von mehrbändigen Werken sagt die RAK-Einführung von Haller/Popst[36]: „In der Einheitsaufnahme für mehrbändige Werke [...] wird im Erscheinungsvermerk des Gesamtwerkes auf die Angabe von Erscheinungsjahren verzichtet [...]". Wo das von den Verbünden beachtet wird, führt das dazu, dass insbesondere auflagenstarke mehrbändige Werke in einer Weise auf dem Bildschirm angezeigt werden, die bibliographisches Nachschlagen zur Sisyphusarbeit macht.

> *Beispiel 9: Unzumutbar: [Zschokke:] Stunden der Andacht im BVB*
>
> *Beispiel 10: Wie es auch sein kann: [Zschokke:] Stunden der Andacht in HEBIS, GBV, NRW*

Einige deutsche und Schweizer Verbünde verzeichnen zudem mehrbändige, in mehreren Auflagen erschienene Werke in Sammeleinträgen mehrerer besitzender Bibliotheken gleichzeitig, die manchmal keine zuverlässige Aussagen mehr über die Existenz einzelner Ausgaben und über deren Standorte möglich machen.

Ob das alles systemimmanent oder aber „nur" die tatsächlich vorgefundene Praxis ist, spielt für uns keine Rolle; das Ergebnis ist auf jeden Fall ernüchternd: der bibliographische Ertrag des KVK bleibt weit hinter dem „Deutschen Gesamtkatalog" von 1939 zurück und erfordert einen weitaus größeren Zeitaufwand.

4.5 Lehren aus dem KVK-Praxistest: Die Anforderungen des Bibliographen an einen EDV-gestützten bibliothekarischen Katalog - bereits umgesetzt im VD 17?

Ich will keinesfalls die Verdienste des KVK schmälern. Er ist ein neues und ergiebiges Instrument zum Aufspüren vorhandener Bestände. Ein Ersatz für eine Nationalbibliographie ist er jedoch nicht. Damit er das hätte werden können, hätte man ihn anders anlegen müssen, hätte insbesondere die retrospektive Altbestandskatalogisierung nicht nach RAK erfolgen dürfen.

Dabei wären die Anforderungen an eine solche Neukatalogisierung, die Grundlage einer Nationalbibliographie sein könnte, gar nicht so groß. Man sollte meinen, es sei eine Selbstverständlichkeit, dass eine moderne Erfassungsmaske enthielte:

- den Verfasser (mit penibler Kenntlichmachung von erschlossenen Namensteilen und mit Quellenangabe für Zuweisungen)
- die Titelformulierung (mit Kenntlichmachung etwaiger Kürzungen)

---

[36] Haller/Popst (wie Anm. 28) S. 282.

- Ausgabenbezeichnung und Bandzahl
- Erscheinungsvermerk, bestehend aus: Erscheinungsort: Verlag (ersatzweise - mit Kenntlichmachung - Drucker), Erscheinungsjahr [hier ist nichts kürzbar: „Frankfurt und Leipzig: o.V." ist im 18.Jh. etwas ganz anderes als „Frankfurt: Hermann": es bezeichnet nämlich in aller Regel einen Raubdruck]
- Kollationierung.

Die Neukatalogisierung müsste hingegen nicht enthalten z.B. eine Kennzeichnung des Zeilenfalls und auch nicht die vielen Finessen bibliographischer Perfektion, die Philip Gaskell in „A New Introduction to Bibliography" (1972 u.ö.) vorgeführt hat - die meisten von ihnen erübrigen sich m.E. durch Hinzufügen einer Graphikdatei mit dem Titelblatt, wie das im VD17 geschieht[37]. Auf diese darf auch ein VD18 auf keinen Fall verzichten.

Natürlich stellt sich die Frage, inwieweit man zur Erfüllung dieser Wünsche auch sonst auf die für das VD17 entwickelten Normen und auf die Erfahrungen damit zurückgreifen kann. Das VD17 hat bereits einige der Härten der RAK-Normen gemildert[38] und zusätzlich noch den Anfordernissen der EDV-Recherche nach alten Titeln Rechnung getragen (z.B. durch die Eingabe suchrelevanter Begriffe in orthographischer Normierung und durch normierte Drucker- und Verlegernamen). Ein paar geringe Änderungswünsche bleiben jedoch.

Unglücklich ist auch hier m.E. die Anwendung der RAK-Regel, dass die originale Titelformulierung durch Semikolon, Doppelpunkt und Virgel zu zerreißen sei. Beim VD17 lässt sich zwar die Originalformulierung durch die Abbildung des Titelblatts eruieren, doch ist dies m.E. ein lästiger und vermeidbarer Umweg. Als einfache Lösung böte sich an, die originalen Satzzeichen nicht zu ersetzen, sondern gliedernde Deskriptionszeichen zusätzlich zu setzen und als Deskriptionszeichen Zeichen zu verwenden, die sich mit der normalen Computertastatur leicht darstellen lassen, aber in Titeln nie vorkommen. Z.B. könnte statt der drei RAK-Deskriptionszeichen Doppelpunkt, Semikolon und Schrägstrich samt Spatien ein einfacher Hochstrich (|), zwei Hochstriche (||) und drei Hochstriche (|||)[39] verwendet werden, so dass sich mit einem einzigen Wechselbefehl die Originalformulierung des Titelblatts wiederherstellen ließe.

---

[37] Hilfreich wäre es, wenn am Rand eine Zentimeter-Markierung eingeblendet oder Breite x Höhe des abgebildeten Originaltitelblatts daruntergeschrieben werden könnten.

[38] Insbesondere durch die Angabe einer Gesamt-Erscheinungszeit für mehrbändige Werke, die in der Anzeigemaske erscheint und die Suche erheblich erleichtert.

[39] Meinetwegen auch Doppelkreuze oder Dollarzeichen. Der Hochstrich (ASCII 179) wäre jedoch graphisch weniger störend; als Zeichen für den Zeilenfall wird er nicht mehr gebraucht, wenn das Original-Titelblatt als Graphikdatei zur Verfügung steht.

- Im Kollationsvermerk spielen Kupfertitel (in der Antiquarssprache: gestochene Titelblätter) im 18.Jh. bekanntlich keine sehr große Rolle mehr; dafür sollten m.e. bei der Kollationierung Kupfer- oder Holzschnitt-Vignetten auf dem Titelblatt vermerkt werden.[40]
- Im 18.Jh. wird meist deutlich zwischen Verleger und Drucker unterschieden. Das sollte m.E. daher auch bei der Titelaufnahme geschehen. In den Fällen, wo die Formulierung des Originals die Entscheidung schwer macht, wird schon im VD17 unter „Anmerkungen" die „Vorlageform des Erscheinungsvermerks" angegeben. Man könnte das natürlich zur Regel machen. Einfacher schiene mir jedoch eine Lösung wie „o.V. (Druck: Meier)"; Hauptsache, es wird wieder klar zwischen Drucker und Verleger unterschieden. Auch die Angabe „in Kommission" auf dem Titelblatt sollte nicht unterschlagen werden.
- Wo eine eigentlich zu erwartende Angabe fehlt, sollte das durch „o.O.", „o.V.", „o.J." wieder ausdrücklich festgestellt werden; bei Sonderbarkeiten wie „Begnehmigung" plädiere ich nachdrücklich für die Rückkehr des altmodischen „[!]" oder „[sic]".
- In der an sich sehr schönen Anzeigemaske des VD17 fehlt die Nennung der Ausgabe. Im 18 Jh. als dem Zeitalter des Nachdrucks und hoher Auflagenzahlen würde das zum Problem.[41]

5 Fazit: Zum Stand der Erschließung der deutschen Druckproduktion des 18.Jhs. durch Bibliographien und durch bibliothekarische Kataloge - Der Ort eines VD 18

Nach dem kriegsbedingten Abbruch des deutschen Gesamtkatalogs bestand die Hoffnung und wohl auch Erwartung, dass das Fehlen einer deutschen Nationalbibliographie durch die retrospektive digitale Katalogisierung der Altbestände auf pragmatische Weise weitgehend wettgemacht würde. Diese Hoffnung hat sich nicht erfüllt; der KVK, der allein eine nationalbibliographienähnliche Über-

---

[40] Wobei an individuell für den Band angefertigte Vignetten gedacht ist. Reine Setzkasten-Vignetten mit Ornamenten ohne jegliche Bezug zu einem speziellen Buch könnten übergangen oder aber ausdrücklich als "Setzkastenvignette" kategorisiert werden. Letzteres setzte aber eine gewisse Schulung voraus.

[41] Die im VD17 bei "Des Abenteurlichen Simplicissimi Ewig-währende[m] Calender" vorgefundene Formulierung "Nürnberg : Felßecker ; Altenburg : Rüger, 1670 [erschienen] 1677" ist m.E. für den nur gelegentlichen Benutzer unverständlich und zu ungenau. Sie erschließt sich erst aus dem Anmerkungsfeld.

sicht geben könnte, ist mit dieser Aufgabe überfordert. Das liegt nicht nur daran, dass noch längst nicht alle Altbestände in EDV eingegeben sind; es liegt auch nicht an der großen Zahl sehr unzulänglich aufgenommener Altkatalogisate. Es liegt vielmehr daran, dass die vielen Neuaufnahmen nach RAK-WB und damit nach einem Katalogisierungssystem erfolgt sind, das für Zwecke der Nationalbibliographie nicht geeignet ist und die Titelaufnahmen in einer Weise verstümmelt hat, dass sie ohne Autopsie nicht wieder richtigzustellen sind.[42] Angesichts des Umstands, dass gerade in den östlichen Bundesländern, aber auch z.B. in der UB Augsburg mit den großartigen Beständen der Öttingen-Wallerstein-Bibliothek mit großem Aufwand überaus wertvolle historische Bestände neu katalogisiert wurden, wurde hier m.E. eine ganz große Chance vertan.

Es gibt Bücher, die nachweisbar sind, die sich aber in den Beständen nicht erhalten haben; und es gibt andere, die in den zeitgenössischen Bibliographien nirgends nachgewiesen sind, die aber in den Beständen vorliegen. Eine Nationalbibliographie muss von beiden Seiten ausgehend nach vollständiger Verzeichnung aller Drucke streben. - Der Erkenntnisweg von den schriftlichen Nachweisen aus ist durch das GV usw. in den letzten Jahren enorm erleichtert worden, der Erkenntnisweg von den Beständen aus noch längst nicht in gleichem Maße. Hier sind zusätzliche Anstrengungen nötig, und hier sehe ich den Ort eines VD 18.[43] Als Kulturwissenschaftler und Bibliograph wäre ich glücklich darüber.

---

[42] Das gilt selbst für die sonst vorbildlich genauen Titelaufnahmen der "Sammlung deutscher Drucke" (hier: DD18), die durch zusätzliche Eingabefelder und -mühen die RAK-Handicaps aufzufangen suchen. In Feld 4000 stehen aber in den meisten mir vorliegenden Titelaufnahmen immer noch nach RAK verunstaltete Titelformulierungen.

[43] Wobei daran erinnert sei, dass erst ab 1833/1835 Kayser und Heinsius in ihren Angaben einigermaßen detailliert werden, während gleichzeitig (generelles Verbot durch die Bundesversammlung 1835) der Nachdruck und die damit zusammenhängenden nationalbibliographischen Probleme aufhören; von daher wäre es also sehr wünschenswert, das 18.Jh. im VD18 bis 1832 (Ende des Kayser-Grundwerkes) reichen zu lassen.

Buchhandel im 18. Jahrhundert

Eberhard Mertens

Jürgen Habermas hat in seiner berühmten Studie „Strukturwandel der Öffentlichkeit" die durchgreifenden Veränderungen von einer höfisch-repräsentativen zu einer bürgerlich-modernen Öffentlichkeit analysiert. Diese Analyse wurde seitdem kontrovers diskutiert. Aber auch andere Darstellungen zur Schriftlichkeit und zum Leseverhalten im 18. Jahrhundert kommen zu ähnlichen Beurteilungen wie Habermas. Rolf Engelsing, Perioden der Lesegeschichte, 1970, verleiht dem durchgängigen europäischen Wandel im 18. Jahrhundert ein nationentypisches Etikett in dem er ausführt: „Die einzelnen Länder leisteten Ausgangs des 18. Jahrhunderts sehr unterschiedliche Beiträge zur Revolutionierung der traditionellen europäischen Lebensverfassung. In England dominierte die Revolution in Außenhandel und Industrie, in Frankreich die politische Revolution, in Deutschland die Leserevolution ... Die Leserevolution war der eigentümliche Ausdruck dafür, daß in Deutschland die Spannungen zwischen den Antrieben zur Spontaneität und Mobilität und ihrer Wirkung und Nutzung im öffentlichem Leben viel größer als in England und Frankreich war" Er fährt weiter fort: „Die Leserevolution hatte eine Revolution der Mitteilungen von Erfahrungen, Erfindungen, Gedanken und Empfindungen sowohl zur Voraussetzung wie zur Folge." (1) Diese Revolution fand überraschender Weise auf einem Terrain statt, das zu jener Zeit noch von überwältigenden Zahlen von Analphabeten beherrscht war. Rudolf Schenda sieht das folgendermaßen: „Die Bildungssituation und die Sozialstruktur des 18. Jahrhunderts lassen kaum mehr als zehn Prozent Leser unter der Erwachsenen-Bevölkerung erwarten. Eine norddeutsche Kleinstadt wie Wunstorf, die am Ende des 18. Jahrhunderts 1600 Einwohner zählte, besaß damals 60 lesende Personen (also weniger als vier Prozent der Gesamtbevölkerung)... „ Er zieht das Resümee: „Nimmt man eine kontinuierliche Entwicklung des Bildungswesens an, und betrachtet die vorliegenden Zahlen<...> Klagen und Erfolgsmeldungen mit wohlwollenden Augen, so darf man sagen, daß in Mitteleuropa um 1770 15% um 1800 25% der Bevölkerung über sechs Jahre als potentielle Leser in Frage kommen".(2) Diese Zahlen muß man aber auch differenziert nach dem betreffenden Milieu sehen. Die ländlichen Bereiche tragen erheblich mehr zu der hohen Analphabetenzahl bei. Hinzukommen regionale und konfessionelle Faktoren. Interessanterweise sind beide miteinander verbunden. Die katholischen Territorien schneiden bei der Lesefähigkeit im 18. Jahrhundert erheblich schlechter ab, wie das eine Untersuchung in Niedersachsen für jene Zeit ergeben hat.

Ein Zeitgenosse der freilich näher daran war und es sicher aus seinem städtischen und universitären Umfeld sah, war Fichte. Er konstatiert am Ende des Jahrhunderts in seiner Vorlesung „Über das Wesen des Gelehrten" 1805: „An

Stelle anderer aus der Mode gekommener Zeitvertreibe trat in der letzten Hälfte des vorigen Jahrhunderts das Lesen. Das neue Bedürfnis erzeugte ein neues Gewerbe, durch Lieferung der Ware sich zu nähren und zu bereichern strebend den Buchhandel".(3)

Überraschend in diesem Ausspruch ist doch, daß ein gelehrter Mensch der Zeit nun erst das Phänomen Buchhandel als etwas neues wahrnimmt. So muß dieses Phänomen mit dem wir uns hier näher befassen wollen, für ihn doch als etwas unerhört Neues in sein Blickfeld getreten sein. Deutlicher kann die Zäsur in der Entwicklung des Buchhandels, die schon mitten im 18. Jahrhundert liegt nicht beschrieben werden. Seit 1440, dem Druckbeginn Gutenbergs gab es im Druck- und Buchgewerbe in den folgenden Jahrhunderten einen ständigen Prozeß der sich immer feiner ausdifferenzierenden Arbeitsteilung. Neben dem Drucker fand der Buchbinder seine Aufgaben, Verleger und Buchhändler finden ihre Betätigungsfelder im herstellenden und vertreibenden Buchhandel. Aber dabei blieb es dann durch die Jahrhunderte. Neben einer immer gleichbleibenden Stagnation der Zahl der Neuerscheinungen hielt man auch an altüberlieferten Handelswegen, den Handelsorten und vor allem den Handelsformen fest. Die Orte waren die vom Anfang des Buchdruck dominierenden Metropolen Augsburg, Basel und Nürnberg. Als Meßort konkurrierte Frankfurt mit ursprünglich deutlichem Vorteil vor Leipzig. Der buchhändlerische Verkehr war ein reiner Tauschhandel Bogen gegen Bogen oder Ballen gegen Ballen. In dieser Form lag das geringste Risiko wie Johann Goldfriedrich betont: „Erwerb und Herstellung eines Werkes oder Werkchens mit möglichst geringen Kosten oder auf Kredit; Eintausch fremden Verlags, womöglich besseren, als der eigenen war; Zahlung aus dem Absatzgewinn, an den Changekollegen überhaupt nie eine Geldzahlung, der Autor mit Freiexemplaren, der Drucker womöglich ebenfalls mit Büchern befriedigt".(4) Gerade durch den Tauschhandel hatten sich ungeheure Bestände, heute würden wir sagen Backlisttitel in den Buchgewölben gebildet. Von den riesigen Lagerbeständen nach langen Jahren des Tauschhandels geben die „Universal-Cataloge" Zeugnis, die von vielen Verlegern als Bestandsverzeichnisse und Angebotskataloge oft mehrbändig in den Jahren 1740 - 1770 herausgebracht wurden. Um dem abzuhelfen fand man eine Mischform zwischen Tauschhandel und Bezahlverkehr, den Konditionsverkehr. Hier wurde auch ein Remissionsrecht eingeräumt.

Um den Buchhandel, wie er bis dahin erfolgte, zu quantifizieren und zu qualifizieren bieten die Frankfurter und vor allem später die Leipziger Meßkataloge eine hervorragende kontinuierliche Quelle. Die Edition dieser zentralen Quelle für Verlagswesen und Buchhandel vom 16. bis zur Mitte des 19. Jahrhunderts erfolgte unter der Herausgeberschaft von Bernhard Fabian. Für das 16. Jahrhundert in Bandform, ab 1594 auf Microfiche. Die Mikroverfilmung durch unser Haus ermöglicht einen erleichterten und vergleichenden Zugang zum Volltext der Kataloge. Wenn auch für das 17. Jahrhundert leider kriegsbedingt - der

Dreißigjährige Krieg wirkte sich vor allem in Mitteldeutschland sehr negativ aus - einige Lücken nicht geschlossen werden konnten, so konnte für das 18. Jahrhundert jede Oster- wie auch Michaelismesse bei der Verfilmung erfaßt werden. Betrachten wir den ersten Meßkatalog des 18. Jahrhunderts einmal näher. Er erschien „In verlegung Johann Grossens sel nachgelassenen Erben" zur Ostermesse 1700. Der Seitenumfang dieser Ausgabe mit 78 Seiten wird auch für die folgenden 60 Jahre der Standard bleiben. Das gleiche gilt auch für die Gliederung der Titelgruppen. Als erstes werden seit Erscheinen der Meßkataloge im 16. Jahrhundert wegen ihrer vorherrschenden Bedeutung die lateinischen Titel angezeigt, dann folgen die deutschen Titelangaben. Neben den sprachlichen Ordnungskriterien werden die Titel nach der Rangfolge der Fakultäten genannt. Im Falle dieses Kataloges sieht das wie folgt aus:

Lateinische Schriften

Theolog. Augustan. (ev)	13
Theolog. Roman. (kath)	10
Theolog. Reform.	9
Jurid.	27
Med. Chem.	8
Hist. Polit.	22
Philos. Philolog.	20

Deutsche Schriften

Th. Aug.	33
Th. Rom.	18
Th. Ref.	7
Jurid.	1
Med. Ch.	11
H. P. Ph.	40
(Hier sind Hist. u. Phil. zusammen gelegt)	

Vorausankündigungen:

Verschiedene	158
Theol. Aug. lat.	35
Theol. Roman.	1
Jurid.	21
Med.	13
Phils. Phlg.	83
Zukünftige	38
Libri serius exhebiti (unsichere Ausgaben)	110

dt.	104
Th. Reform.	11

Gerade diese letzte Titelgruppe zeigt, wie die Titelangaben in den Meßkatalogen zu bewerten sind. Denn auch unter den Vorankündigungen ist manches Werk, das nie erschienen ist. Gerade diese bibliographische Unsicherheit fand immer häufiger Kritik sowohl bei den Buchhändlern wie auch bei den Buchkäufern. Auch hier war eine Reform im Laufe des 18. Jahrhunderts immer notwendiger.

1759 fand nach dem Erlöschen der Grosseschen Buchhandlung ein Neuanfang der Edition der Meßkataloge mit der Michaelismesse des Jahres statt. Die neue Verlagsbezeichnung lautet nun: „Leipzig, in der Weidmannschen Handlung". Derjenige der hier mit Energie und neuen Ideen den Anfang machte, war der neue Leiter der Weidmannschen Verlagsbuchhandlung, Philipp Erasmus Reich. Er stellt dem ersten Katalog unter seiner Ägide strikte Bedingungen zur Titelaufnahme voran. In dem zweiseitigen Vorbericht heißt es u.A.: „Man hat ihre Meynungen von dem, was an diesem Verzeichnisse zu ändern oder zu bessern wäre, gesammelt, die meisten sind darinnen mit einander übereingekommen, daß man die alten Abtheilungen nach den Fakultäten aufhöbe, und die neu herauskommen Schriften bloß nach alphabetischer Ordnung hinter einander anzeige. Sie haben dabey angeführt, daß die meisten Sortimenthandlungen, <...> itzo selbst darnach eingerichtet wären". Hier sieht Reich also den Branchenpartner also den Buchhändler als Geschäftspartner. Auch die aktuelle Genauigkeit der Titelangaben soll verbessert werden. Dazu seine Forderungen: „ <...> so ist es wohl nöthig, daß sie mit Einsendung der Titel von neuen Schriften nicht saumselig verfahren. Man wünschet, daß sie wenigstens vier Wochen vor der Messe daran dächten, damit man sie längstens drey Wochen vorher insgesamt hier hätte, um sie in Ordnung zu bringen, und dren Abdruck zu besorgen". Zum Schluß dieses Vorberichts mahnt er eine weitere Verbesserung an, um die bibliographischen Angaben noch zu verbessern: „daß man die ungefähre Stärke eines Buches angeben" solle. Denn Umfangsangaben waren bisher auch nicht üblich gewesen.

Dieser Meßkatalog Michaelis 1759 ist noch nach der Fakultätsordnung aufgebaut. Aber schon beim Meßkatalog Ostern 1760 hat Reich die Neuordnung realisiert. Nunmehr gibt es nur noch drei Hauptalphabete: „Fertig gewordene Schriften in deutscher und lateinischer Sprache aus allen Facultäten, Künsten und Wissenschaften" sowie: „Fertig gewordene Schriften in ausländischen Sprachen" und als letztes: „Schriften, welche künftig herauskommen sollen". Neben der nun übersichtlicheren und pratikableren alphabetischen Titelanordnung ist außerdem bemerkenswert, daß die alte lingua franca an die zweite Stelle gerückt ist. Das entspricht auch dem Rückgang der Publikationen in lateinischer Sprache. Weiterhin ist bemerkenswert, daß nun eine Gruppe mit modernen fremdsprachigen Titeln aufgenommen wurde. Hier öffnet sich also der deutsche Buchmarkt den neuen westeuropäischen Literaturen. Diese Rezeption, die nun verstärkt einsetzt, war vor allem ein Anliegen von Philipp Erasmus Reich. Die Meßkataloge erschienen als Hefte in einer „bescheidenen Auflage von 2 000

Exemplaren" wie Karl Bucher, einer der ersten Buchwissenschaftler, der sich näher mit der Weidmannschen Buchhandlung befaßte, feststellt. (5) Die bescheidene Auflage der Kataloge fand aber dennoch eine weite Verbreitung im deutschen Sprachraum. Die Überlieferung ist aber sehr lückenhaft. Ja sie sind manchmal nur in Einzelstücken, fast nie in kompletter Folge in den Bibliotheken nachgewiesen. „Begreiflich, daß Buchhändler und Bücherfreund gespannt dem Erscheinen des Heftes entgegensahen und vielleicht für zweckmäßig fanden, einige Exemplare mit der reitenden Post zu beziehen, während die fahrende Post mit dem weiteren Bedarf nachkam". (6)

Blickt man nun auf das Ende des Jahrhunderts und analysiert den Meßkatalog der Ostermesse 1800, immer noch im Weidmann Verlag, so ergibt sich doch Überraschendes. Völlig neue Rubriken, dem Trend der Zeit folgend sind hinzu gekommen. Die wissenschaftliche Literatur im Alphabet Seite 1 - 198, nun neu die Abteilung „Roman" 198-218, ebenfalls neu „Schauspiel" 218-222, Musikeditionen setzen ein Seite 222- 227, ausländisch Schriften 228-250, künftige Schriften 250-282. Es folgen dann Nachrichten aus dem Buchhandel, also ein vorweggenommenes Börsenblatt, Seite 282-286. Um die Benutzung zu erleichtern erschließ ein Verlegerverzeichnis den Katalog, Seite 286-296. Ganz zum Schluß erlaubt sich der Verlag Weidmann auch Eigenwerbung mit Titelanzeigen und Werbetexten bzw. Rezensionen. Hier schreibt der Propsteyrath Donndorf aus Quedlinburg über das von ihm selbst herausgegebene Werk zur Europäisch Fauna. Er sah sich genötigt dem Verriß („Hämische Rezension") in der Allgemeinen Littr. Zeitung zu antworten.

Wenn man nun den außerordentlich stark gewachsenen Umfang der Meßkataloge in Betracht zieht, so ist dies schon ein Indiz für die gewaltige Expansion im Buchwesen in der zweiten Hälfte des 18. Jahrhunderts. Aus 58 Seiten im Ostermeßkatalog 1760 werden 282 Seiten Titelangaben im Katalog Ostern 1800. Auf der Leipziger Messe werden nun im Jahr 1800 mehr als das Vierfache an Titeln angeboten, gekauft und auch gelesen.

Ort dieser Evolution war die Unversitäts-, Messe- und Bürgerstadt Leipzig. „Leipzig begann um die Wende vom 17. zum 18. Jahrhundert eine moderne Stadt zu werden. Der Aufstieg einer kulturellen Trägerschicht war am Anfang des 18. Jahrhunderts schon sichtbar".(7) Die schon früh begründete starke Position als Messe- und Handelsort erlangte Leipzig in den Hochzeiten des Edelmetallhandels im 16. Jahrhundert. Lag es doch genau zwischen den ergiebigen Bergbaugebieten Harz (mit Goslar und Mansfeld) und Erzgebirge. Bedeutende Fernhändler verlegten ihre Geschäftssitze hierher. Sogar die Welser mußten sich für ihre Aktivitäten im Kupfer- und Silberhandel hierher bemühen.

Im Buchwesen hatte ja zunächst Frankfurt bis in die Mitte des 17. Jahrhunderts als Messeplatz eine solide und kapitalkräftige Basis. Aber am Anfang des 18. Jahrhunderts überwog schon Leipzig Frankfurt um das Vierfache in Buchproduktion. Das schlug sich auch in den Meßkatalogen, die bis dahin konkurrierten, nieder. Das Verhältnis war am Schluß 100 zu 700 Titeln zu Gunsten von Leipzig. Dieses Defizit Frankfurts war allerdings auch eine Folge der Obstruktion der Leipziger Großverleger bei den Titelmeldungen wegen der Schikanen der kaiserlichen Bücherkommission. 1749 ging der Frankfurter Meßkatalog dann endgültig ein. Der berühmte Abschied von der Frankfurter Buchmesse, so zu sagen der zweite Teil der Grablegung, erfolgte wenig später 1764. In einem Brief formuliert der Hauptakteur dieser Beerdigung Philip Erasmus Reich folgendermaßen: „er habe und verschiedene andere Freunde von Frankfurt am Maynn Abschied genommen und die Buchhändler. Messe, so zu sagen daselbst begraben". (8) Nach diesem Finale in Frankfurt und vor allem nach dem Ende des Siebenjährigen Krieges - Leipzig war vom ersten bis zum letzten Tage preußisch besetzt und finanziell durch Kontributionen ausgelaugt - erfolgt der weitere Aufstieg der Stadt zum Zentrum der Publikationen und Informationen. Leipzig war geistesgeschichtlich in dieser Zeit neben Halle das unbestrittene Zentrum der Aufklärung unter Johann Christoph Gottsched geworden.

Es hatte schnell die unangefochtene Spitzenposition erreicht. Zwischen 1765 und 1805 führte Leipzig mit jährlich 5 556 Titel im Durchschnitt vor Berlin (2 423), Wien (1 235), Halle (1 154), und Frankfurt M. (1 137). Ich folge hier den Ermittlungen von Hazel Rosenstrauch, Buchhandelsmanufaktur und Aufklärung (9). Für die Weidmannsche Buchhandlung unter der Führung Reichs fehlen die Zahlen, da ein Verlagsverzeichnis aus dieser Zeit durch den Totalverlust des Verlagsarchivs am Ende des 2. Weltkriegs nicht überliefert ist. Man könnte hier zur vertiefenden Ermittlung nur wieder die Meßkataloge heranziehen. Da könnte eine Verzettelung der Verlagstitel aus den Meßkatalogen, wie sie in der Herzog-August- Bibliothek in Wolfenbüttel begonnen wurde, helfen.

Eine besondere Quelle zu Neuerscheinungen bei Weidmann und anderen Leipziger Verlegern sei auf die Leipziger Zeitung hingewiesen, die noch Moritz Georg Weidmann pachtete. In diesem Organ waren in jeder Nummer Buchhandelsanzeigen eingerückt. Darunter sind natürlich häufig Weidmann-Titel. (10).

Die Reformen Reich bezogen sich nicht nur auf die Titelanzeigen, sondern auch auf den gesamten Buchhändlerischen Verkehr. Er setzte den Über gang vom Tauschhandel zum Geldverkehr durch. Damit begann nach Reinhard Wittmann „die Anonymität des buchhändlerischen Warenverkehrs, setzte die Trennung von Verlag und Sortiment ein und entstand erst eigentlich das kapitalistische Konkurrenzdenken in diesem Berufsstand". (11) Um den berufsständischen Leistungskatalog Philip Erasmus Reichs abzurunden, sei auch noch auf seine Gründung einer „Buchhandelsgesellschaft" hingewiesen, einer „Selbsthilfeorganisation mit gleichsam eigener Exekutive" (12) gegen den überhandnehmenden Nachdruck in Süddeutschland und vor allem in Österreich. Diese Gesellschaft, die sich zwar nach wenigen Jahren wieder auflöste, ist dennoch als Vorläuferin des am 30. April 1825 wiederum in Leipzig gegründeten „Börsenvereins des Deutschen Buchhandels" anzusehen. Soweit die Entwicklung des Buchhandels im 18. Jahrhundert beispielhaft an der Person Philipp Erasmus Reichs dargelegt und vor dem Hintergrund der immensen Zunahme in der Buchproduktion, vor allem in der zweiten Hälfte des betrachteten Zeitraums. Die Bücherverzeichnisse von Georgi und das fast daran anschließende von Kayser sind hier als Publikationsübersichten zu nennen.

Aber ich möchte in diesem Zusammenhang auf eine weitere Möglichkeit der vertiefenden bibliographischen Recherche hinweisen. Die Meßkataloge als erste periodische Allgemeinbibliographie habe ich hinlänglich hervorgehoben. Diese für diese Aufgabe, nämlich das Projekt VD 18, aber noch näher zu erschließen würde eine große Anzahl noch unbekannter Titel generieren. Bei meinen diesbezüglichen Recherchen stieß ich in der Herzog-August-Bibliothek auf eine derartige umfangreiche Verzettelung der Meßkataloge für das 18. Jahrhundert. Die Arbeit ist in den 60er in Angriff genommen und wohl noch in den 70er Jahren fortgesetzt worden. Es war ein Projekt der Wissenschaftsförderung. Sie konnte jedoch nicht abgeschlossen werden. Sie erfolgte damals noch zeitüblich auf Bibliothekskatalogkarten im internationalen Format. Die Verzettelung erfolgte in zwei chronologischen Durchläufen nach Jahren und Messen einmal nach Verlegern und dann nach Verlagsorten gegliedert. Überraschender Weise gibt es keine Autorenübersicht. Nach meiner Schätzung handelt sich hier doch um ca. 150 000 Nachweise, die Verleger und die Verlagsorte zusammen genommen. Das Verzeichnis ist abgebrochen und offensichtlich nie benutzt worden. Die Karten mit den aufgeklebten Titeln haften vielfach noch aneinander. Das Ganze zu vervollständigen und zu digitalisieren wäre eine gute Grundlage für eine vertiefende und ergänzende Titelrecherche für das VD 18.

Literatur:

1) Rolf Engelsing, Die Perioden der Lesegeschichte in der Neuzeit, in AGB 10, 1970, Sp 945 ff.

2) Rudolf Schenda, Volk ohne Buch, Studien zur Sozialgeschichte der populären Lesestoffe 1770-1910, Frankfurt M., 1970, S. 443 F.

3) Johann Gottlieb Fichte, Über das Wesen des Gelehrten, Werke, Berlin 1845, VI, S. 439 f.

4) Johann Goldfriedrich, Geschichte des Buchhandels, Leipzig 1909, Bd. 3 S. 271.

5) Karl Bucher, Weiland und die Weidmannsche Buchhandlung, Berlin 1871, S.4.

6) Ebenda.
7) Hazel Rosenstrauch, Buchhandelsmanufaktur und Aufklärung, Archiv für Gesch. des Buchwesens, Bd. 26, Frankfurt M. 1986, S. 6.
8) Albrecht Kirchhoff, Beiträge zur Geschichte des deutschen Buchhandels, Leipzig 1853, Bd.2, S. 216 f.
9) Rosenstrauch, a.a.O., S. 66.
10) Rosenstrauch, a.a. O., S. 17 f.
11) Reinhard Wittmann, Geschichte des deutschen Buchhandels, München 1991, S. 115 f.
12) Wittmann, a.a.O., S.118.

Medizin, Naturwissenschaften, Technik: Probleme der Ermittlung, Verzeichnung und Bewertung „grauer" und nichtkanonischer Literatur des 18. Jahrhunderts

Michael Engel

Die wissenschaftshistorische Forschung der vergangenen vier Jahrzehnte hat in beeindruckender Weise aufgezeigt, dass seit dem 16. Jahrhundert auf den Gebieten der Medizin und der eng mit ihr verknüpften Naturforschung sehr wohl exakte Forschung und wissenschaftliches Arbeiten an der Tagesordnung waren. Dies zu erkennen und das Wesen der Forschung des 17. und 18. Jahrhunderts zu verstehen ist nicht ganz leicht, doch der Mühe wert. Die gut ein Jahrhundert lang tradierten Auffassungen des 19. Jahrhunderts, dass in der Frühen Neuzeit vor allem Geheim- und Irrlehren sowie Scharlatanerien und Absurditäten vorherrschten, wich in der Gegenwart einer einfühlsamen, objektiven Interpretation. In vieler Beziehung bleibt uns dennoch die Wissenschaft der Frühen Neuzeit dennoch merklich fremder als die des Mittelalters. Die gegen Ende des 20. Jahrhunderts gern benutzte Bezeichnung „Okkulte Wissenschaft" weist auf diese Fremdartigkeit hin.

Die Erforschung der gesellschaftlichen und ökonomischen Bedingungen des 16. und 17. Jahrhunderts ließ Medizin, Naturwissenschaft und Technik als dynamische, innovative und kommunikative Bereiche sichtbar werden, die unmittelbar auf die sozialen Prozesse einwirkten und alles andere als geistige Randerscheinungen waren. Die geistigen Prozesse des Erkennens und Objektivierens lassen sich so als spannender, ja abenteuerlicher und auch vielfach in die Sackgasse führender Weg zur „exakten Wissenschaft" beschreiben. Gegen Ende des 17. Jahrhunderts sind die ersten Vorstellungen von Reproduzierbarkeit natürlicher, künstlicher und technischer Prozesse unübersehbar. Wunderglaube und magisches Denken auf der einen Seite und Gesetzmäßigkeiten Rationalität auf der anderen traten miteinander in Konkurrenz. Hinzu kam ein ständiger Konflikt mit den Glaubenslehren, und die Meinung der Theologen zu den Entwicklungen der Medizin, Naturwissenschaft und Technik ist also auch von der Wissenschaftsgeschichte zu berücksichtigen.

Das Streben nach Objektivität und Exaktheit – um rezente Termini zu gebrauchen – war ein entscheidendes Kennzeichen der Wissenschaft des 18. Jahrhunderts, dahinter standen meist gravierende wirtschaftliche Probleme, die es zu lösen galt. Frühneuzeitliche Effizienz, Produktivität und Innovationen gab es also genau so, wie Beharren auf Althergebrachtem und Vertrautem. Damit setzten Spezialisierung, Disziplinbildung, Professionalisierung und Institutionalisierung und „Eröffnung der Geheimnisse" – so sinngemäß eine in zahlreichen Buchtiteln des 18. Jahrhunderts nachzuweisende Phrase – im ausgehenden 17. Jahrhundert ein und bestimmten maßgeblich die Fachliteratur des 18. Reform- und Modernisierungsdebatten erinnern sehr an unsere Gegenwart. Das brandenburgische Medizinaledikt von 1685 lässt sich so als in Politik umgesetzte Wissenschaft begreifen. Die großen Linien der Entwicklung von Medizin, Naturwissenschaften und Technik vom Ende des Dreißigjährigen Kriegs bis zum Beginn des 19. Jahrhunderts sind recht gut aufgeklärt, doch legt die „große Geschichte" zwangsläufig größeren Wert auf das, was sich als erfolgreich erwiesen hat als auf scheinbar oder wirklich völlig Abseitiges. Aber längst hat sich das Interesse auch dem Kleinen, dem Lokalen und den mentalitätsgeschichtlich so wichtigen Seitenwegen zugewandt. (Geschickte Stadtväter wissen das nicht ohne Erfolg auch touristisch zu nutzen.) Zahlreiche Detailfragen zu beantworten, dürfte noch Generationen von Wissenschaftshistorikern beschäftigen. Auch deshalb, weil das Universitätsfach Wissenschaftsgeschichte in der Bundesrepublik Deutschland wenig beachtet worden ist und sich als Geschichte der Fächer in bedenklicher Regression befindet und kaum noch wissenschaftlichen Nachwuchs heranzieht. (Das was sich derzeit hierzulande Wissenschaftsgeschichte nennt, stimmt mich sehr pessimistisch.) Wird ein Teil der Wissenschaftsgeschichte zur Freizeitbeschäftigung von Dilettanten (Fachgelehrte ohne historisch-methodische Schulung) höheren Lebensalters?

Wichtigste und unverzichtbare Quelle aller Forschungen ist und bleibt die Fachliteratur. Nachlässe bedeutender Fachvertreter des 18. Jahrhunderts, Briefwechsel oder Manuskripte sind nur in wenigen Fällen überliefert. Es ist eine häufige vertretene Feststellung, dass die medizinische, naturwissenschaftliche und technische Fachliteratur in den Bibliotheken Deutschlands in großer Stückzahl vorhanden und auch bibliographisch befriedigend erschlossen ist. Das gilt für die Schriften der wichtigsten Autoren des 18. Jahrhunderts, diese sind in der Tat zumeist gut zugänglich. Doch wie weit trifft diese Aussage wirklich zu, wenn nicht nur die Werke der Standardautoren als Quelle benötigt werden?

Die systematische Erwerbung der uns hier interessierenden Publikationen setzte – und das auch eher Ausnahme als Regel – allenfalls im letzten Viertel des 18. Jahrhunderts ein. Der Ankauf von Gelehrtenbibliotheken war die wohl häufigste Erwerbungsform. Zugang als Zensur- bzw. Pflichtexemplar gab es gelegentlich auch. Geschenke von Autoren waren durchaus üblich. Die private Gelehrtenbibliothek war die eigentliche Fachbibliothek. Sie stellte nicht selten einen erheblichen materiellen Wert dar, und nach dem Ableben des Besitzers ermöglichte ihr Verkauf der Witwe oftmals den weiteren Lebensunterhalt. Hatte sich der Verstorbene um den Staat verdient gemacht, wurde der Kauf durch den Landesherrn und die Eingliederung des Bestands in einer fürstlichen Bibliotheken somit eine Form staatlicher Hinterbliebenenversorgung. In diesem Zusammenhang sind die Auktionskataloge als eine bemerkenswerte Gattung „ephemerer Literatur" von großer Bedeutung.

Es ist eigentlich verwegen, die vor allem für das späte 19. und das 20. Jahrhundert geltende Bezeichnung „graue Literatur" auf das 18. Jahrhundert zu übertragen. Andererseits gibt es auch einige Ähnlichkeiten. Ich habe vor vielen Jahren eine Assessorarbeit zu diesem Thema geschrieben und weiß um die Verschwommenheit des Begriffs. Eine der Definitionen, die unter grauer Literatur alle außerhalb des Verlagsbuchhandels erschienenen Schriften versteht, kann für das 18. Jahrhundert außer Acht gelassen werden. Ausgehend von der jahrzehntelangen unter Bibliothekaren geführten Diskussion über Eigenschaften und Wert der „nichtkanonischen" Literatur, also derjenigen, die nicht formal in die Kette Autor-Verleger-Buchdrucker-Buchhändler einzufügen ist, die auch die Aspekte „wichtig" und „minderwichtig" sowie die Nutzungshäufigkeit einbezog, habe ich seinerzeit die nicht gerade griffige Bezeichnung „unkonventionelles und ephemeres Schrifttum" vorgeschlagen, deren Anwendung meines Erachtens weniger eng zeitbezogen ist und sich der zu Beginn des 20. Jahrhunderts in Deutschland herrschenden Tendenz, „Bibliothekswissenschaft als Wertwissenschaft" zu begreifen, fernhält.

Kurz gesagt: ephemeres Schrifttum ist u. a. gekennzeichnet durch Zeitgebundenheit, Anlass- bzw. Gelegenheitsbezogenheit, engen Nutzungsbezug, Ortsgebundenheit u. a. m. Wenden wir uns den Auktionskatalogen zu, so erkennen wir in ihnen sofort einige der aufgezählten Eigenschaften. Über ihren Wert als kulturhistorische Quelle bestehen längst keine Zweifel; diese Publikationen bibliographisch zu ermitteln, bereitet insofern Schwierigkeiten als ein recherchierbares Formschlagwort für sie noch fehlt. Hinsichtlich der Einführung von Gattungsbegriffen bietet das VD 17 schon gute Ansätze, die meines Erachtens für ein VD 18 ausgeweitet werden sollten.

Den grundsätzlichen Wandel der wissenschaftlichen Methode führte seit Mitte des 17. Jahrhunderts zur Herausbildung der wissenschaftlichen Fachzeitschrift. Der Weg von der autoritativen Fachmonographie, deren Rezeption im extremen Fall fast dem der Bibel zu vergleichen ist – zum kurzen, diskussionswerten Bericht über Einzelaspekte und -ergebnisse war keineswegs geradlinig, und es lassen sich zeitgenössische Bemerkungen finden, die der Publikationsgattung Zeitschrift eben wegen des prinzipiell offenen Konzepts keine Zukunft gaben. Es lassen sich für die Zeitschriften unschwer Merkmale finden, die der der grauen

Literatur entsprechen, Merkmale, die für das 18. Jahrhundert gelten, nicht jedoch für das 19. oder gar 20. So wendet sich die Fachzeitschrift häufig an eine zahlenmäßig kleine Fachöffentlichkeit, die aus regionalen Gruppen oder Grüppchen und auch Einzelpersonen gebildet wird. An eine überregionale Verbreitung war dabei nicht gedacht, diese wurde erst gegen Ende des 18. Jahrhunderts Teil der Vermarktungsstrategie. Die mangelnde buchhändlerische Infrastruktur für periodische Publikationen, die erst am Beginn des 19. Jahrhunderts einigermaßen aufgebaut wurde, war der Verteilung von grauer Literatur vergleichbar. Gleich, ob die Urheber der Zeitschriften lokal und somit begrenzt wirkende Vereinigungen oder Einzelpersonen waren, wies die Kette Autoren–Herausgeber/Redakteur–Verleger/Drucker/Buchhändler–Vertrieb–Leser in allen Gliedern Schwachstellen auf. Eine Folge war die häufig nur ein oder zwei Jahre währende Existenz von Fachperiodika. Die minimale Distribution macht sie rar, und es ist zu vermuten, dass so mancher Titel bis heute noch nicht bibliographisch erfasst ist und so mancher bekannte Bestand im Erscheinungsverlauf mit einem VD 18 ergänzt werden könnte. Wie in einer vor gut siebzig Jahren erschienenen Dissertation über die chemische Fachzeitschrift des 18. Jahrhunderts erkennbar geworden ist, bedarf es hier der Autopsie, da die Titel häufig den periodischen Charakter gar nicht erkennen lassen.

Ein erheblicher Teil der eben erwähnten Schriften ist von Akademien und sonstigen gelehrten oder an der Förderung von Ökonomie und Technologie interessierten Gesellschaften veranlasst. Für deren gesamte Veröffentlichungen gilt die geringe allgemeine Verfügbarkeit, da sie nur in Ausnahmefällen durch den Buchhandel beschafft und vertrieben wurden.

Als weitere unkonventionelle Publikationen sind auch die Hochschulschriften zu nennen. Dissertationen, Disputationen und Festreden wurden in großer Zahl produziert. Demzufolge sind auch die Bibliotheksbestände recht umfangreich, wenn auch sicher nicht vollständig katalogisiert oder sonstwie ausreichend bibliographisch erfaßt. Die Masse ist zugleich auch das Manko dieser Publikationsform, meines Wissens fehlt fast jede auch nur annähernd aussagefähige inhaltliche Auswertung. In Ansätzen hat dies in Halle vor rund drei Jahrzehnten Wolfram Kaiser mit seinem Arbeitskreis für die Medizin getan, und es hat sich erwiesen, daß in den Dissertationen des 18. Jahrhunderts sehr wohl schon zusammenhängende Themenkreise behandelt wurden und sich Forschungsstrategien erkennen lassen.

„Gedruckt auf Kosten des Autors" ist eine häufige Angabe auf den Titelblättern, die Druckerei ist auf dem Titelblatt meist benannt. Wie weit diese Schriften in den Buchhandel gelangten ist vermutlich kaum nachzuweisen; es scheint mir berechtigt zu sein, hier Beispiele des Selbstverlags bzw. Eigenvertriebs zu sehen. Im Selbstverlag scheint wohl auch eine ganze Menge von prospektartigen balneologischen Ortsführern erschienen zu sein, die auch chemische Analysen der Mineralwässer enthalten.

Es ist anzunehmen, daß in den hier behandelten Sachgebieten, die „graue Literatur" einen recht erheblichen Anteil der Literaturproduktion bildet. Was kann nun ein VD 18 leisten? Vor allem in Anbetracht der ja relativ guten Erschließung der Literatur des 18. Jahrhunderts, ist diese Frage zu stellen. Was erwartet die Wissenschaftsgeschichte überhaupt von einem VD 18? Reichen die bestehenden Kataloge und Bibliographien nicht schon aus? Und sind die Bedürfnisse eines Orchideenfachs überhaupt von Belang, sollten sie berücksichtigt werden?

Die gegenwärtige Geringschätzung und personelle Ausdünnung der Disziplingeschichte muß nicht zwangsläufig ein beachtenswertes Kriterium sein. Tendenzwandel in der Wertung einzelner Disziplinen sind nichts Neues. Hier sehe ich auch in der Verlagerung eines universitären Fachgebiets in den außeruniversitären Bereich der Freizeitwissenschaft eine Parallelität zur offiziell gleichfalls stiefmütterlich behandelten Landeskunde. Wie die „Heimatforscher" haben sich auch die Interessenten der Medizin-, Pharmazie-, Naturwissenschafts- und Technikgeschichte schon seit langem in Vereinigungen zusammengefunden, deren Mitglieder meist nicht den Universitäten angehören. Eine Benutzergruppe ist demnach vorhanden.

Was vor drei Jahrzehnten streng verpönt war, wird oder ist schon wieder modern, das ist die Wissenschafts- und Techniktopographie. Wissenschafts- und technikgeschichtliche Reiseführer verkaufen sich gut, seit Archäologie und Archäometrie neuartige nicht allein aus der Literatur gewonnene Erkenntnisse lieferten sondern die Zeugnisse früherer Epochen selbst untersuchen können. Damit kann und muß die Literatur des 18. Jahrhunderts – Gleiches gilt für die des 17. – unter Heranziehung der neueren Forschungsergebnisse neu gelesen und verstanden werden.

Doch der Formalkatalog reicht nicht aus, um dafür befriedigende Recherchen zu ermöglichen. Es ist nicht allzu spannend, hier in Halle, in Berlin oder in München festzustellen, welche Werke von Georg Ernst Stahl oder Friedrich Hoffmann vorhanden sind. Viel interessanter wäre es, ohne großen Aufwand feststellen zu können, ob und wo im Erzgebirge, in Nassau, im Siegerland oder in Kärnten welche naturwissenschaftlich-technische Fachliteratur gedruckt wurde. Deren Autoren sind sicher vielfach unbekannt. Die Erschließung muß mindestens die Breite und Tiefe des VD 17 erreichen, eigentlich, um insofern gänzlich die Heilige Kuh der Titelaufnahme zu schlachten, indem nicht allein Zeitschriftentitel, sondern auch die darin enthaltenen Aufsätze aufgenommen werden sollten. Armin Geus hat das 1971 mit der Herausgabe der „Indices naturwissenschaftlich-medizinischer Periodica bis 1850" gewagt, das begrüßenswerte Unternehmen endete nach dem zweiten Band. Woran scheiterte das Projekt? Sicher war es zur damaligen Zeit zu hoch gegriffen, das anfallende Datenmaterial konventionell mittels Karteikarten zu erfassen, konventionell Register zu bilden und konventionell die Buchform als Zugang zu wählen. Was hier bei einer Aufsatzkatalogisierung schief ging, gilt für Bibliographien von Monographien gleicherweise. Auch dort gibt es Torsi, abgebrochene oder nicht aktualisierte Unternehmen, auf die trotz aller Unzulänglichkeit nicht verzichtet werden kann. Ich denke als Chemiehistoriker da zuerst an die schönen Bibliographien von Henry Carrington Bolton, sehr selten und nicht zu bezahlen.

Die aufwendigen und personalintensiven Arbeitsgänge eines Verzeichnisses bestehen erst einmal aus der intellektuellen Tätigkeit der Datenanalyse (Titelaufnahme) und dann der manuellen Datenerfassung (Dateneingabe) sowie den wiederum intellektuellen Teil der Registerbildung. Da hat sich nichts zu früheren auf Karteien basierenden Verzeichnissen geändert. Die EDV erleichtert die zeitaufwendigen Verweisungen alter Form, reduziert den Aufwand der Registererstellung auf ein Minimum bei kaum begrenzter Erschließungstiefe und ermöglicht Arbeitsteilung durch Dezentralisierung und verhindert Nachtragserstellung, da Datenbanken samt Register per se laufend aktualisiert werden. Der generelle Verzicht auf ein gedrucktes Verzeichnis bei ausschließlich elektronischem Zugang mag auch wirtschaftlicher sein als es der Druck wäre, entscheidend ist meines Erachtens die für Benutzer komfortable Möglichkeit, ständig auf aktuelle Daten zurückgreifen zu können. Korrekturen und Ergänzungen gewinnen ihre eigentliche Bedeutung so durch die Aufhebung von Zugangsverzögerungen. Letztlich bietet sich so eine vertrauenerweckende Basis für das Langzeitunternehmen VD 18, das einen großen Schritt hin zu einer deutschen Nationalbibliographie sein würde.

Kanon und Forschung: die Bedeutung der Erschließung für die Literaturwissenschaft

Georg Braungart

In einem forschungskritischen Artikel in der Tagespresse wurde im Mai 2004 von Edo Reents die zentrale Bedeutung der Erschließung und Aufbereitung von Archivmaterial für die Wissenschaft betont.[1] Geschildert wird der Fall eines gescheiterten Projektantrags, der das „exlaborierte Schnuppern" in den Nachlässen und Verlagsarchiven,[2] welche im Deutschen Literaturarchiv in Marbach am Neckar aufbewahrt werden, zum Gegenstand hatte. Die Aufgabe als solche sei von den Gutachtern „uneingeschränkt" befürwortet worden, aber die konkrete Planung habe man als unzureichend empfunden. Ob die Deutsche Forschungsgemeinschaft, welche, so referiert jedenfalls der Artikel von Edo Reents, die Mittel wegen Mängeln in der Planung und unzureichend geklärter Ergebnispräsentation verweigerte, zu Recht als buchhalterisch-kleinliches „Katasteramt" kritisiert wird, sei dahingestellt.[3] Wichtig für den hier zu diskutierenden Zusammenhang ist: Es wird ein Defizit der literaturwissenschaftlichen und insbesondere der literaturgeschichtlichen Forschung darin gesehen, dass sie die immer gleichen Autoren mit den immer gleichen Texten fokussiere und auf neu zugängliches Archivmaterial nur in Ausnahmefällen zurückgreife: „Eine Prüfung von 206 Monographien zur Literatur der Zeit von 1918 bis 1945 ergab, daß die Marbacher Bestände nur in fünfzehn Fällen berücksichtigt wurden."[4]

Hier wird nicht zur eine direkte Verbindung zwischen der Qualität literaturwissenschaftlicher Forschung und der archivalischen Erschließung von Materialien hergestellt. – Die Qualität einer Literaturgeschichte des 20. Jahrhunderts hängt nicht zuletzt davon ab, welche neuen Quellen sie zu Verfügung hat, und welche neuen Perspektiven sie von da aus auf das Material findet. – Vor allem aber wird indirekt auf eine Form der Kanonisierung aufmerksam gemacht, welche in den vielen Kanondebatten[5] der letzten Jahrzehnte praktisch nicht beachtet wurde: die

---

[1] Edo Reents: Das Katasteramt. So fördert die DFG die Geisteswissenschaften: Ein Fallbeispiel. Frankfurter Allgemeine Zeitung, 4. Mai 2004.

[2] Reents spricht in seiner Polemik peinlicherweise vom bedeutenden „*Nachlaß* des Piper-Verlags", der noch der inhaltlichen Erschließung harre; gemeint ist das Verlags-*Archiv*.

[3] Auch von einem geisteswissenschaftlichen Projekt kann man, meine ich, bereits in der Planung mehr erwarten als *pfadfinderartige Versuche* (Reents, ebd.).

[4] Reents (wie Anm. 1).

[5] Vgl. zuletzt die zuweilen heftigen Debatten um das Buch von Harold Bloom (The Western Canon. The Books and Schools of the Ages. New York 1994). - Vgl. insgesamt zur Kanondiskussion (in

Kanonisierung von Quellentexten aus der Geschichte der Literatur durch und für die Literaturwissenschaft selbst, welche, so meine Vermutung, viel rigider funktioniert als die Kanonisierung von Literatur beim Lesepublikum und in den Bildungsinstitutionen.

Jeder Wissenschaftler, der sich an ein neues Projekt macht – und damit ist immer weniger einfach ein Buch und immer mehr ein gefördertes Drittmittel-Projekt gemeint, es sollte aber auch für einen ernstzunehmenden Aufsatz gelten – jeder also, der das tut, muss sich zunächst einmal mit einem Korpus von kanonischen Texten auseinandersetzen. Etwa eine neue Darstellung zum Barockdrama: Sie wird um Gryphius, Lohenstein, Haugwitz, Hallmann und Christian Weise nicht herumkommen. Dieses Textkorpus steht seit langem fest (nicht erst seit den 70er Jahren), und wer in der Forschergemeinschaft wahrgenommen werden will, tut gut daran, sich auf diese Autoren zu beziehen. Innovation geschieht in diesen Fällen dadurch, dass man zu den alten Texten neue Kontexte findet und rekonstruiert; und dass man an diesen kanonisierten Texten neue Aspekte thematisiert, entdeckt, herausarbeitet. Die Alternative wäre – und im Kontext der Erweiterung des Gegenstandsbereiches der Literaturwissenschaften in den 70er Jahren ist das auch geschehen –, dass man das Textkorpus, das im Zentrum des Interesses steht, erweitert. Für eine Analyse dieser Vorgänge ist ein Blick auf das Thema Kanonbildung nötig.

Das neue *Reallexikon der deutschen Literaturwissenschaft* versteht unter Kanon in einer ersten Begriffsbestimmung folgendes: Kanon sei eine „Zusammenstellung als exemplarisch ausgezeichneter und daher für besonders erinnerungswürdig gehaltener Texte; ein auf einem bestimmten Gebiet als verbindlich geltendes Textcorpus".[6] Nun versteht sich die Literaturwissenschaft natürlich längst nicht mehr als die Hüterin des Kanons, sondern als historisch-rekonstruierende Wissenschaft, zu deren Gegenstand auch die Erforschung der zu verschiedenen Zeiten in verschiedenen Milieus und Bildungsinstitutionen geltenden *Canones* gehört. Und dennoch, das ist, wie ich meine, das Erstaunliche, gibt es in der Literaturwissenschaft in weiten Bereichen einen – genauso rigide wie der Lektürekanon an den Schulen – eingehaltenen Kanon von Texten, die nicht zu beachten

---

welcher literaturwissenschaftliche Kanonbildungen praktisch keine Beachtung finden) unter den neueren Publikationen vor allem: Watanabe-O'Kelly, Helen (Hrsg.): Kanon und Kanonisierung als Probleme der Literaturgeschichtsschreibung (= Jahrbuch für internationale Germanistik; Reihe A, Band 60). Frankfurt – Bern 2003; Korte, Hermann: Literarische Kanonbildung (Sonderband Text+Kritik, hrsg. von Heinz Ludwig Arnold). München 2002; Heydebrand, Renate von (Hrsg.): Kanon - Macht - Kultur. Theoretische, kritische und soziale Aspekte ästhetischer Kanonbildung. Stuttgart-Weimar 1998; Moog-Grünewald, Maria (Hrsg.): Kanon und Theorie. Heidelberg 1997.

[6] Rainer Rosenberg: Art. ‚Kanon', in: Reallexikon der deutschen Literaturwissenschaft. Bd. 2: H-O. Gemeinsam mit Georg Braungart u.a. hrsg. von Harald Fricke. Berlin – New York 2000, S. 224-227, hier S. 224.

unter Umständen den Ausschluss aus der Institution (etwa als Folge einer nicht beachteten Habilitationsschrift) zur Folge haben kann.

Man muss also den Kanon, wie er in einer lesenden Gesellschaft gilt, den „Bildungskanon", vom „Schulkanon" unterscheiden[7] und auf einer dritten Ebene, so mein Vorschlag, den Kanon der Wissenschaft ansetzen, ein Kanon, der nicht mehr die Funktion hat, auf einen Bildungskanon oder den Schulkanon Einfluss zu nehmen, sondern der primär der Selbstreproduktion des Wissenschaftssystems dient. Dieser Kanon der Wissenschaft wird, meine ich, viel zu wenig in Frage gestellt, während der allgemeine Bildungskanon oder der Schulkanon immer wieder heftig diskutiert wird.

Der Kanon der Literaturwissenschaft wird idealerweise und zuweilen dennoch, wenn Forschung funktioniert, durch neue Forschung ständig revidiert und erweitert – aber wie genau? Hier ist in den Abläufen der Forschung die Systemstelle für die Erschließung. Es gibt, wenn man die Entwicklungen der letzten Jahrzehnte beobachtet, und das wäre meine erste These - einen Kampf zwischen Kanon und Erschließung, und die Instrumente können noch so gut sein: Wenn die institutionellen Zusammenhänge[8] danach sind, wird auch die beste Erschließung keine neue Forschung inaugurieren.

Auf der anderen Seite gibt es für solche Forschungsimpulse doch auch positive Beispiele. Im Bereich des 18. Jahrhunderts (mit ähnlichem Befund aber auch für den Bereich des 17. Jahrhunderts festzustellen) war die Reihe „Deutsche Neudrucke" die Initialzündung für eine ganze Reihe von wichtigen Forschungen zu Autoren, welche zuvor weniger im Blickfeld gestanden hatten. Einer davon ist gewiss Johann Carl Wezel. Geht man vom bibliographischen Befund aus, dann ist in den letzten zwei Jahrzehnten geradezu ein Wezel-Boom zu verzeichnen, offensichtlich auch auf Grund einer gewissen Konvergenz mit dem der Spätaufklärung entgegengebrachten Forschungsinteresse insgesamt. Hier ist aber ein wichtiger Punkt zu sehen: Dieses Projekt war eine Faksimile-Reihe und hat die Texte selbst zur Verfügung gestellt.

Um die Basis für die Problemerörterung noch etwas zu verbreitern, möchte ich ein wichtiges Erschließungsprojekt der letzten 20 Jahre ins Auge fassen, das von der Deutschen Forschungsgemeinschaft gefördert wurde und wird: Die von

---

[7] Rosenberg, ebd.

[8] In Berufungskommissionen hört man immer wieder als Argument für die Bedeutung eines wissenschaftlichen Werkes die Berücksichtigung der *big names* der Literatur- und Theoriegeschichte, während andererseits hervorragende Arbeiten über ‚Minderdichter' auch schon zum Ausschluss eines Bewerbers geführt haben, weil sie eben einem scheinbar weniger bedeutenden Autor gewidmet sind.

Reinhart Meyer herausgegebene *Bibliographia Dramatica et Dramaticorum*.[9] In diesem seit 20 Jahren erscheinenden Riesenwerk werden für das 18. Jahrhundert alle überlieferten, aufgeführten oder sonst belegten Dramen verzeichnet, Jahr für Jahr. Der zuletzt erschienene Band 19 umfasst die Jahre 1758 bis 1760. Hier wird ein riesiger Schatz an Texten und Stoffen erschlossen, der eindrucksvoll zeigt, wie eng, ja engstirnig, der Kanon ist, den die deutsche Literaturwissenschaft bis in ihre neuesten Publikationen hinein zu Grunde legt: Gottsched, Johann Elias Schlegel, Lessing usw. Dabei werdern in der *Bibliographia Dramatica* Kontinente sichtbar gemacht, die in einer Wissenschaft, welche mehr als nur Kanonpflege treiben will, eigentlich zur völligen Umorientierung, zu einem Paradigmenwechsel führen müsste. Doch geschieht dies?

Der Herausgeber und Projektbearbeiter beklagt, dass zwar die Theatergeschichte und die Musikwissenschaft fleißig auswerteten,[10] nicht jedoch die Literaturwissenschaft, deren feste Bilder eigentlich am meisten wackeln müssten. Krassester Fall in diesem Zusammenhang ist vielleicht die Missachtung von Pietro Metastasio, welcher das Bild vom Theaterbetrieb in Deutschland in der ersten Hälfte des 18. Jahrhunderts weit stärker bestimmen müsste, als dies in den Darstellungen und Untersuchungen zur Epoche geschieht. Im Falle Metastasios spricht Meyer von einer „Revolution", und stellt fest: „Die über 50jährige Hegemonie Metastasios auf den Bühnen Europas ist wohl die wichtigste Voraussetzung für die Hofbühnen im Repertoire-Theater." Und weiter: „Die Metastasiosche Revolution der Spielpläne und Bühnen- oder Festplanung ist der erste gravierende Umbruch in der Geschichte des mitteleuropäischen Theaters und Dramas im 18. Jahrhundert."[11] Inzwischen gibt es von Seiten der germanistischen Literaturwissenschaft wenigstens eine kleine Reaktion, zwei Aufsätze – einer von Albert Meier, einer von Theodor Verweyen – in den Beiträgen zum Potsdamer Symposion von 1999. Ein einziges Beispiel einer größeren monographischen Arbeit leuchtet hervor: Die Erlanger Dissertation von Cornelia Mönch, *Abschrecken und Mitleiden*, aus dem Jahre 1993.[12] Hier wird – auf der Basis der ersten Bände

---

[9] Reinhart Meyer (Hrsg.): Bibliographia Dramatica et Dramaticorum. Kommentierte Bibliographie der im ehemaligen deutschen Reichsgebiet gedruckten und gespielten Dramen des 18. Jahrhunderts nebst deren Bearbeitungen und Übersetzungen und ihrer Rezeption bis in die Gegenwart. Ca. 25 Bde. Tübingen: Niemeyer 1986 ff.

[10] Erinnert sei an Jörg Krämers große Studie zum deutschsprachigen Musiktheater (Deutschsprachiges Musiktheater im späten 18. Jahrhundert. Typologie, Dramaturgie und Anthropologie einer populären Gattung. 2 Bände. Tübingen: Niemeyer 1998 [Studien zur deutschen Literatur. Bd. 149]).

[11] Reinhart Meyer: Bibliographia dramatica et dramaticorum: Einführung, Ergebnisse, Erkenntnisse. Tübingen: Niemeyer 1999, S. 44; Vgl. auch die Einleitung zu Band 7 (1730-1732). Tübingen 1997.

[12] Cornelia Mönch: Abschrecken und Mitleiden. Das deutsche bürgerliche Trauerspiel im 18. Jahrhundert. Versuch einer Typologie. Tübingen: Niemeyer 1993.

der *Bibliographia Dramatica* und einer zeitgenössischen Übersicht (Christian Heinrich Schmid, 1798) sowie der Bestände der Oettingen-Wallersteinschen Bibliothek – äußerst eindrucksvoll gezeigt, wie verheerend verzerrend sich die extrem enge Kanonbildung und die fast schon obsessive Beschränkung auf Lessings Mitleidsdramaturgie auswirkt. Auf der anderen Seite – und das ist eigentlich der Normalfall – konzentrieren sich selbst die neueste Studien zum Theater und Drama des 18. Jahrhunderts auf die kanonischen Autoren (Gottsched, Lessing, Schiller), ohne auch nur anzudeuten, dass die Theaterszene im 18. Jahrhundert, folgt man der Erschließungsleistung der *Bibliographia Dramatica*, gänzlich anders ausgesehen hat.[13]

Ein Ergebnis dieser kleinen, an ein großes und verdienstvolles Erschließungsprojekt anschließenden Fallstudie ist: Erschließung allein gibt noch keine Impulse. Es ist für die Beurteilung der dramengeschichtlichen Forschung geradezu niederschmetternd, wie wenig sich seit dem Erscheinen der ersten Bände von Reinhart Meyers Bänden inzwischen getan hat.

Ich schließe, zusammenfassend und weiterführend, mit fünf Thesen:
1. Es gibt einen Kampf zwischen Kanon und Erschließung, der auf tiefer liegende Verwerfungen des Forschungsbetriebes hinweist. Wer in die Institution hineinkommen will, muss wahrgenommen werden. Er wird aber nur wahrgenommen, wenn er sich auf den in einem Bereich geltenden Kanon bezieht; und dieser Kanon ist immer noch Ergebnis der Kanonisierungsprozesse des 19. Jahrhunderts: national, preußisch, protestantisch. So entstehen eher 100 weitere Arbeiten über Goethe, bevor man riskiert, mit einer Monographie über einen weniger bekannten Autor ignoriert zu werden. Ein weiteres Problem: Qualifikationsarbeiten entstehen häufig auch aus dem akademischen Unterricht im weitesten Sinne; und der wiederum ist – und wird es immer mehr noch werden – kanon-orientiert.
2. Erschließungs-Konzepte und -projekte gehen nicht selten aus Forschungsaktivitäten hervor: aus den eigenen Forschungsaktivitäten der „Antragsteller" und ihrer Gutachter. Aus Aktivitäten, die oft 10, 20, 30 Jahre zurückliegen. Sie dienen – etwas zugespitzt – also der Sanktionierung von bereits geleisteter Forschung. Ob sie auch der Beförderung aktueller und künftiger Forschung dienen, ist eine ganz andere Frage.
3. Die faktische Rolle der *bibliographischen* Erschließung verliert, und das mag paradox klingen, mit der Verbreitung des Internets und der allgegenwärtigen OPACs ihre Bedeutung. Paradox ist das deshalb, weil die OPACs ja selbst

---

[13] Konkret habe ich dabei auch eben erst im Erscheinen begriffene Studien im Auge.

Instrumente der Erschließung sind. Immer wichtiger wird daneben, die Bereitstellung der Texte selbst. Allerdings wird man auch hier den kanonischen Texten vor den Unbekannten den Vorzug geben. Und damit ist man wieder am Anfang angelangt.

4. Erschließung *ist*, das zeigt das Projekt der Bibliographia Dramatica, selbst bereits Forschung. Zugleich aber ist der Ausdifferenzierungsprozess inzwischen derart weit fortgeschritten, dass zu befürchten ist, die im engeren Sinne literaturwissenschaftliche Forschung folge weiterhin ihren immanenten Entwicklungsgesetzen und lasse sich durch eine Revision ihrer Quellengrundlagen nicht mehr irritieren (mit der Ausnahme vielleicht des Bereichs der *Gender*-Forschung bzw. hier vor allem der feministischen Literaturwissenschaft).

5. Vielleicht ergibt sich im Zuge der kulturwissenschaftlichen Wende und im Zusammenhang intensivierter Interdisziplinarität doch eine neue Perspektive auch für das 18. Jahrhundert: Der Kanon *muss* hier suspendiert werden, die Wertungsperspektive *muss* sich verändern, wobei eine zentrale Voraussetzung hierfür eine sehr tief gehende inhaltliche Erschließung der Quellen wäre.

Das VD 18: bibliographische und bibliothekarische Voraussetzungen[1]

Ursula Hartwieg

Allem voran sei dem „Unterausschuß für kulturelle Überlieferung" der DFG ein großer Dank ausgesprochen dafür, daß er dieses Rundgespräch über die methodischen und organisatorischen Grundlagen eines „eventuellen Verzeichnisses von im deutschen Sprachraum erschienenen Drucken des 18. Jahrhunderts (VD 18)" initiiert hat. Damit wird den schon seit vielen Jahren formulierten Wünschen und Forderungen seitens der außer- wie innerbibliothekarischen Wissenschaft nach einer solchen grundlegenden Verzeichnung schließlich förderpolitisches Gehör verliehen.[2] Seien es nun Historiker, Philologen, Buchwissenschaftler, Naturwissenschaftler, Wissenschaftshistoriker oder Vertreter anderer Disziplinen – aus welchem Blickwinkel auch immer die Wissenschaft sich mit dem 18. Jahrhundert in Deutschland befaßt: Eine der wichtigsten Forschungsgrundlagen, die deutsche Buchproduktion dieses Jahrhunderts, ist nicht ausreichend erschlossen. In Teilen ist sie bisher gar nicht verzeichnet, und wenn sie es doch ist, genügt ihre Verzeichnung keinem nationalbibliographischen Standard. Diese gravierende Lücke behindert die wissenschaftliche Forschung in beträchtlichem Ausmaß.

Wie sich diese defizitäre Situation erklärt und wie sich die bereits vorhandenen Erschließungsmaßnahmen in einem „Verzeichnis der deutschen Drucke des 18. Jahrhunderts" zukünftig nutzen ließen, sei Inhalt dieses Vortrags, der zuerst die bibliographischen, dann die bibliothekarischen Voraussetzungen vorstellt.

---

[1] Parallel zu diesem Vortrag entstand der Beitrag „Projekt ‚Verzeichnis der im deutschen Drucke des 18. Jahrhunderts'" für das Themenheft *Kooperative Altbestandserschließung* der *ZfBB* 4 (2004), 225-230. Beide Aufsätze beruhen auf den Ergebnissen der ungedruckten Hausarbeit zur Prüfung für den höheren Bibliotheksdienst: „Die nationalbibliographische Situation im 18. Jahrhundert. Vorüberlegungen zur Verzeichnung der deutschen Drucke in einem ‚VD18'" (Köln 1998).

[2] U.a. Hans-Joachim Koppitz, „Zur Bibliographie der deutschen Buchproduktion," *ZfBB* 9 (1962), 25, Walther Gose, „Der entfernte Benutzer. Gebrauch und Bewahrung alter Bestände als Problem der Forschungspraxis," in: *Literaturversorgung in den Geisteswissenschaften. 75. Deutscher Bibliothekartag in Trier 1985*, hrsg. von Rudolf Frankenberger und Alexandra Habermann (Frankfurt a.M.: Klostermann, 1986), S. 244-248, und Klaus Garber, „Schmelze des barocken Eisberges? Eine Zwischenbetrachtung anl. der Studie von Wolfgang Müller: Die Drucke des 17. Jahrhunderts im deutschen Sprachraum. Untersuchungen zu ihrer Verzeichnung in einem VD 17," *ZfBB* 38 (1991), 443.

Zur bibliographischen Situation: Die Buchproduktion wurde im 18. Jahrhundert durchaus in Ansätzen verzeichnet, aber diese zeitgenössischen Kataloge reichen für die Forschung nicht aus: erstens ist die Form der Titelverzeichnung ungenügend, zweitens ist der Umfang dessen, was sie erschließen, zu bemängeln. Die Ursache dafür liegt in der Entstehung und Funktion der Buchhandelsverzeichnisse. Den Buchhändlern war selbstverständlich daran gelegen, einen Überblick über die Ware haben, die sie zu den Messen brachten, wobei die Frankfurter und Leipziger Buchmesse hier über lange Zeit den größten internationalen Buchmarkt darstellten.[3] Dazu publizierten die Händler seit 1564 Meßkataloge, die den Beginn der periodischen Allgemeinbibliographie markieren.[4] Im 18. Jahrhundert gab es allerdings keinen homogenen ‚deutschen' Buchhandel: Buchhandelspolitisch und auch hinsichtlich des Inhalts der Buchproduktion war der Südwesten bzw. das ‚Reich' vom Nordosten und damit vor allem von Sachsen getrennt.[5] Diese Trennung entwickelte sich im 18. Jahrhundert stetig, wurde aber in den sechziger und siebziger Jahren seitens der Leipziger Buchhändler zunehmend forciert: Der Niedergang der Frankfurter Buchmesse war damit besiegelt. Aus diesen buchhandelsgeschichtlichen Gründen verzeichnen die Leipziger Meßkataloge die deutsche Verlagsproduktion nicht vollständig.[6] Regional gesehen waren das ‚Reich' wie auch die katholischen ost- und norddeutschen Gebiete unterrepräsentiert.[7]

Darüber hinaus wurden in den Meßkatalogen von vornherein bestimmte Kategorien wie Predigten, Reden, Gedichte oder Disputationen ausgeschlossen, um die Kataloge nicht mengenmäßig mit Kleinschriften zu überfrachten. Auch die Mel-

---

[3] Rudolf Blum, Nationalbibliographie und Nationalbibliothek. Die Verzeichnung und Sammlung der nationalen Buchproduktion, besonders der deutschen, von den Anfängen bis zum Zweiten Weltkrieg (Frankfurt a.M.: Buchhändler-Vereinigung, 1990), S. 15.

[4] Vgl. Rudolf Blum, „Vor- und Frühgeschichte der Allgemeinbibliographie," *Archiv für Geschichte des Buchwesens* 2 (1959), 237. Für die Entwicklung der Meßkataloge seit 1564 vgl. auch Blum, *Nationalbibliographie und Nationalbibliothek*, S. 15-34.

[5] Goldfriedrich prägte für diese Trennung den Begriff der bibliopolischen Zweiteilung Deutschlands: *Geschichte des Deutschen Buchhandels*, Band 2: Johann Goldfriedrich, *Vom Westfälischen Frieden bis zum Beginn der klassischen Litteraturperiode (1648-1740.)* (Leipzig: Börsenverein der Deutschen Buchhändler, 1908), S. 82.

[6] Eine statistische Auswertungen der zwischen 1701 und 1800 erschienenen Kataloge ergab 167.026 verzeichnete Titel. Vgl. dazu Gose, „Der entfernte Benutzer," S. 243, der diese Zahl nach Gustav Schwetschkes *Codex nundinarius Germaniae literatae bisecularis* errechnet.

[7] Beispielsweise fanden „konfessionspolemische Bücher oder Abhandlungen etwa aus der Feder süddeutscher oder österreichischer katholischer Theologen" keinen Eingang in die Kataloge. Vgl. Hans-Joachim Koppitz, „Zur Bibliographie der deutschen Buchproduktion des 18. Jahrhunderts," *ZfBB* 9 (1962), 24.

dung von Nachdrucken zur Leipziger Messe war verboten.[8] Wurde ein Titel verzeichnet, muß noch eine weitere Unsicherheit berücksichtigt werden: Nicht in jedem Fall ist der angegebene Verlag auch tatsächlich für den Druck der Ausgabe verantwortlich gewesen. Da es den Meßkatalogen vorrangig um die Erhältlichkeit des momentanen Buchangebots ging, wurde nicht der Originalverlag, sondern vielmehr die derzeitige Bezugsquelle verzeichnet.[9]

Mit Heinsius[10] und Kayser[11] sind zwei weitere quasi zeitgenössische Buchhändlerverzeichnisse zu berücksichtigen, die lange als maßgebliche bibliographische Hilfsmittel für das 18. Jahrhundert angesehen wurden. Beide Verzeichnisse versuchten zwar, die gesamte deutsche Buchproduktion für den Zeitraum von 1700 bis 1810 bzw. 1750 bis 1832 darzustellen. Aber sie wurden zu Beginn des 19. Jahrhunderts erstellt, also zu einer Zeit, als die bibliopolische Zweiteilung des deutschen Buchmarkts noch nachwirkte. Insofern waren süddeutsche Nachdrucke wie auch die gesamte Buchproduktion katholischen Charakters wiederum unterrepräsentiert.[12] Obendrein kann man davon ausgehen, daß Titel, die zum damaligen Zeitpunkt bereits vergriffen waren, bei Heinsius und Kayser auch nicht nachgewiesen wurden.

Eine weitere verlegerische, aber absolut retrospektive Initiative ist das bei Klaus G. Saur erschienene *Gesamtverzeichnis des deutschsprachigen Schrifttums (GV)*

---

[8] Vgl. Bernhard Fabian, „Die Meßkataloge des achtzehnten Jahrhunderts," in: *Buch und Buchhandel in Europa im achtzehnten Jahrhundert. Fünftes Wolfenbütteler Symposium vom 1. bis 3. November 1977*, Vorträge hrsg. von Giles Barber und Bernhard Fabian (Hamburg: Hauswedell 1981), S. 329f.

[9] Martin Fontius, „Zur literarhistorischen Bedeutung der Messekataloge im 18. Jahrhundert," *Weimarer Beiträge* 7 (1961), 614.

[10] Wilhelm Heinsius, *Allgemeines Bücher-Lexikon 1700-1810*. Photomechan. Reprint der Ausg. Leipzig 1812-13 (Graz: Akademische Druck- u. Verlagsanstalt 1962), 2 Bände.

[11] Christian Gottlob Kayser, *Bücher-Lexikon 1750-1832*. Photomechan. Reprint der Ausg. Leipzig 1834-36 (Graz: Akademische Druck- u. Verlagsanstalt 1969), 3 Bände.

[12] Reinhart Siegert, „Zur Bedeutung des Zentralkatalogs Baden-Württemberg im Rahmen der retrospektiven Katalogkonversion und einer deutschen Nationalbibliographie," in: *Bibliothek, Kultur, Information. Beiträge eines internationalen Kongresses anläßlich des 50jährigen Bestehens der Fachhochschule für Bibliothekswesen Stuttgart vom 20. bis 22. Oktober 1992*, hrsg. von Peter Vodosek u.a. (München u.a.: Saur, 1993), S. 194: „Aus der Schweiz z.B. werden in Deutschland im wesentlichen die Produkte der protestantischen Verlagsorte Zürich und Basel, weniger schon Bern, registriert; daß es daneben auch in den katholischen Orten Luzern, Solothurn und Chur eine Buchproduktion gab, ist wenig bekannt."

1700 - 1910.[13] Das über 160 Bände umfassende *GV-alt* verzeichnet alle Schriftenklassen deutschsprachiger Druckwerke aus aller Welt sowie im deutschen Sprachraum erschienene fremdsprachige Werke. Dazu wurden 178 Buchhandels- und Fachbibliographien sowie gedruckte Kataloge reprographisch in ein Alphabet mit etwa 2 Millionen Titeln gebracht. Es empfiehlt sich dem Benutzer demzufolge durch einen hohen Rationalisierungseffekt. Andersherum betrachtet bedeutet dieses Verfahren der Reprokumulation aber auch, daß bereits vorhandene Irrtümer, Fehler und Ungenauigkeiten fortgeschrieben werden. Das *GV-alt* muß folglich mit genausoviel Vorsicht wie jedes der integrierten Verzeichnisse einzeln benutzt werden.

Neben diesen Hauptquellen existieren selbstverständlich noch weitere zeitgenössische Buchhandelsverzeichnisse wie etwa Sortiments- oder Universalkataloge, überdies haben sich außerhalb des Buchhandels auch einzelne Gelehrte an der Verzeichnung der Buchproduktion versucht – Beispiele dafür sind das *Allgemeine europäische Bücher-Lexicon*[14] von Georgi, Hamberger/Meusels *Das gelehrte Teutschland oder Lexikon der jetzt lebenden teutschen Schriftsteller*[15] sowie Eberts *Allgemeines bibliographisches Lexikon*.[16]

Ein „Verzeichnis der deutschen Drucke des 18. Jahrhunderts" sollte nicht auf diese Quellen verzichten: So oft sie auch zu einzelnen Werken nur kurze bzw. irreführende Angaben machen, so geben sie doch in vielen Fällen Hinweise auf Verfasserschaft, Publikations- und ähnliche Daten, die dem Druck bzw. seinem Titelblatt nicht zu entnehmen sind. Darüber hinaus kann man aus ihnen plausible Titel gewinnen, die auf andere Weise nicht mehr nachweisbar sind, weil sie keinen Standort mehr haben bzw. es noch keinen Standort gibt. Dennoch: Der bib-

---

[13] *Gesamtverzeichnis des deutschsprachigen Schrifttums (GV) 1700-1910*, bearb. unter der Leitung von Peter Geils und Willi Gorzny, bibliogr. und redakt. Beratung: Hans Popst und Rainer Schöller (München: Saur, 1979-87), 160 Bände, 1 Nachtragsband.

[14] Theophilus Georgi, *Allgemeines europäisches Bücher-Lexicon* (Leipzig: Georgi (Suppl.: Schönermarck), 1742-58; Neudr. Graz: Akadem. Druck- und Verlagsanstalt, 1966-67), 3 Bände. Die deutschen Druckwerke des 18. Jahrhunderts verzeichnete Georgi zum Großteil nach Autopsie.

[15] Georg Christoph Hamberger, Johann Georg Meusel, *Das gelehrte Teutschland oder Lexikon der jetzt lebenden teutschen Schriftsteller*. Fünfte Aufl. (Lemgo: Meyer, [5]1796-1834, Reprint: Hildesheim u.a., 1965-67), 23 Bände. Es darf als Quelle für ein „VD18" auch deshalb nicht übersehen werden, weil es in den Schriftenverzeichnissen – anders die allgemeinen Bücherverzeichnisse – auch die Kleinschriften der Autoren nachweist.

[16] Friedrich Adolf Ebert, *Allgemeines bibliographisches Lexikon* (Leipzig: Brockhaus, 1821-30), 2 Bände. Der bibliographische Standard ist hoch, da Ebert anhand der Bestände der Dresdener Hofbibliothek großenteils autoptisch arbeitete und hinsichtlich der Titelbeschreibung neue Maßstäbe für bibliographisches Arbeiten setzte.

liographische Wert dieser Verzeichnisse ist nach heutigem Standard unzureichend, da sie größtenteils nicht auf Autopsie beruhen, folglich werden sie auch keinem nationalbibliographischen Standard gerecht. Außerdem sollte nicht vergessen werden, daß sie – selbst wenn man alle zusammennähme – keineswegs die gesamte Buchproduktion des 18. Jahrhunderts erschließen. Die damalige buchhändlerische Situation bedingte, daß ein wesentlicher Bestandteil der Druckerzeugnisse ‚am Buchhandel vorbei' produziert und vertrieben wurde und deshalb nie Eingang in diese Verzeichnisse fand.[17]

Nun der Blick auf die bibliothekarischen Voraussetzungen. Es wurde deutlich: Die bibliographische Tradition ist in Deutschland besonders durch den Buchhandel geprägt – tatsächlich ist die Nationalbibliographie aus Buchhandelsbibliographien hervorgegangen, die sich vom Ansatz her nicht an territoriale oder Sprachprinzipien, sondern an das Prinzip der Lieferbarkeit hielten.[18] Die Entwicklung der Bibliographie wurde durch das Gewerbe derart vorangetrieben, daß in Deutschland die nationale Buchproduktion noch vor einer zentralen Sammlung in einer Bibliothek schon auf Buchhändlerinitiative hin zentral verzeichnet wurde.[19]

Hätte es in der zersplitterten deutschen Bibliothekslandschaft bereits vor 1912 mit der Deutschen Bücherei in Leipzig eine gewachsene Nationalbibliothek mit umfassendem Sammelauftrag und gegebenenfalls Pflichtexemplarrecht gegeben, stellte ihr Katalog wahrscheinlich eine vorzügliche Grundlage für ein „VD18" dar. Statt dessen hat die dezentrale Struktur der vielzähligen Territorien und Herrschaftsbereiche im Heiligen Römischen Reich Deutscher Nation eine Vielfalt von Bibliothekstypen hervorgebracht: Stadt-, Landes-, Schul-, Universitäts-, Adels-, Kirchen-, Kloster- und Patrizierbibliotheken – um nur einige zu nennen. Mit dieser Vielfalt an Typen geht eine Bandbreite verschiedenster Sammelgebiete einher:[20] Beispielsweise konzentrieren sich Landesbibliotheken vor allem

---

[17] Die zeitgenössischen Spezialbibliographien schließen diese Lücke nicht. Vgl. Siegert, „Zur Bedeutung des Zentralkatalogs Baden-Württemberg im Rahmen der retrospektiven Katalogkonversion und einer deutschen Nationalbibliographie," S. 194.

[18] Wilhelm Totok, „Die Nationalbibliographien. Versuch einer Analyse," in: *Bibliographie und Buchhandel. Festschrift zur Einweihung des Neubaus der Deutschen Bibliothek Frankfurt am Main* (Frankfurt a.M.: Börsenverein, 1959), S. 109.

[19] Dabei stellten die Hinrichs'schen Halbjahrskataloge die ausführlichsten und genauesten Bibliographien der deutschen Verlagserscheinungen dar, sie galten sogar als die offizielle Bibliographie des Börsenvereins. Vgl. Blum, *Nationalbibliographie und Nationalbibliothek*, S. 104.

[20] Vgl. dazu beispielsweise die Vorträge auf einem Wolfenbütteler Symposion 1980, veröffentlicht in *Bibliothek und Buchbestand im Wandel der Zeit. Bibliotheksgeschichtliche Studien*, hrsg. von

auf territorialstaatliche Geschichte und Kulturgeschichte, Universitätsbibliotheken dagegen sammeln – als rein wissenschaftliche Bibliotheken – weniger regionales Schrifttum. In ihrer Gesamtheit verfügen die Bibliotheken so über eine sehr breite und vielgestaltige,[21] aber auch ebenso verstreute und oftmals unikale Überlieferung.

Um zumindest die wichtigsten Sammlungen dieses umfangreichen historischen Buchbestands überregional zugänglich zu machen, legte die DFG ein Förderprogramm zur Altbestandserschließung (ABE) auf. Initiiert wurde dieses Programm 1979 durch einen DFG-Antrag der Bayerischen Staatsbibliothek München:[22] Die BSB plante eine Konversion ihres alten Bandkatalogs mit den Erwerbungen bis zum Bearbeitungsjahr 1840 in maschinenlesbare Form und wurde für diese innovative Methode gefördert. Bald reiften Überlegungen zum Aufbau eines kooperativen EDV-Katalogs als Nachweisinstrument für Altbestände – daraus entstand eines der größten Erschließungsprojekte historischer Buchbestände in Deutschland. 1988 formulierte dann der Bibliotheksausschuß der DFG sein Positionspapier zur „Altbestandserfassung in wissenschaftlichen Bibliotheken der Bundesrepublik Deutschland einschließlich Berlin (West)."[23] Unter anderem wurde folgende Richtlinie beschlossen: Zur Erfassung der Bestände von 1501 bis 1850 soll – anstelle einer viel zeit- und kostenintensiveren Neukatalogisierung nach Autopsie – die Retrokonversionsmethode für die Erstellung eines EDV-Katalogs eingesetzt werden.

Diese Entscheidung ist für die Planung eines „VD18" besonders wichtig. Grundsätzlich wird ein autoptisches Verfahren ausgeschlossen, und selbst in

---

Franz A. Bienert und Karl-Heinz Weimann (Wiesbaden: Harrassowitz, 1984); Monika Brazda u.a., „Erschließung und Nutzbarmachung älterer, wertvoller und schützenswerter Literaturbestände in Nordrhein-Westfalen," *Mitteilungsblatt. Verband der Bibliotheken des Landes Nordrhein-Westfalen e.V.* N.F. 40 (1990), 212, oder, für die südwestdeutsche Bibliothekslandschaft, Siegert, „Zur Bedeutung des Zentralkatalogs Baden-Württemberg," S. 188-192.

[21] Bei Klaus Garber, „Schmelze des barocken Eisberges? Eine Zwischenbetrachtung anl. der Studie von Wolfgang Müller: Die Drucke des 17. Jahrhunderts im deutschen Sprachraum. Untersuchungen zu ihrer Verzeichnung in einem VD 17," *ZfBB* 38 (1991), 460, heißt es z.B.: „Kein Land Europas dürfte eine reichhaltigere und vielfältigere, regional, sozial und konfessionell ungemein diversifizierte Druckproduktion hervorgebracht haben als die Territorien und Städte des alten deutschen Reiches."

[22] Vgl. Franz Georg Kaltwasser, „Erschließung alter Buchbestände in Bibliotheken der Bundesrepublik Deutschland," in: *Literaturversorgung in den Geisteswissenschaften. 75. Deutscher Bibliothekartag in Trier 1985*, S. 173f.

[23] DFG, „Altbestandserfassung in wissenschaftlichen Bibliotheken der Bundesrepublik Deutschland einschließlich Berlin (West). Positionspapier der Deutschen Forschungsgemeinschaft," *ZfBB* 35 (1988), 51-59.

Zweifelsfällen, wo eine Aufnahme zu knapp oder ungenau ist beziehungsweise wo Ergänzungen wünschenswert wären,[24] darf das Buch nicht herangezogen werden. Es heißt im Positionspapier: „Auch dieser Weg erscheint zu aufwendig und innerhalb der Zielsetzung der DFG-Förderung, nämlich in überschaubaren Fristen möglichst viele Titel zu erfassen und der Wissenschaft alsbald ein Instrument an die Hand zu geben, nicht vertretbar."[25] Dabei war sich der Bibliotheksausschuß bewußt, daß, so heißt es, „die Konversionsmethode gegenüber der Katalogisierung nach Autopsie einen eingeschränkten Qualitätsstandard hat und eine weniger ausführliche Titelbeschreibung leistet, daß eine überregionale Datenbank mit verschiedenen Teilnehmern auch Mehrfachaufnahmen enthalten wird, da die eindeutige Identifizierung eines Titels und die Nutzung der gespeicherten Titelaufnahmen als Fremddaten schwieriger wird, daß nur diejenigen Titel erfaßt werden, die schon bislang im Katalog nachgewiesen waren, also nicht verzeichnete angebundene Schriften oder beigefügte Werke nicht nachkatalogisiert werden."[26] Diesen dreifachen Qualitätsverlust versuchte die DFG dadurch aufzufangen, daß die zu konvertierenden Kataloge bereits einen entsprechend hohen Qualitätsstandard mitbringen sollten.

Das Ziel, zur Kompensation des defizitären Zustands unter rationellem Einsatz der begrenzten finanziellen Mittel möglichst kurzfristig eine möglichst große Menge von Titeln zu konvertieren, wurde erreicht, hat aber aus der Sicht eines „VD18" auch neue Probleme geschaffen:[27] Wie Syré schon 1987 in seiner vorbereitenden Studie zur Altbestandserfassung beschrieb, werden bei der Retrokonversion die Unzulänglichkeiten der alten Katalogisate einfach tradiert, die

---

[24] Ludger Syré beschreibt in *Altbestandserfassung in wissenschaftlichen Bibliotheken der Bundesrepublik Deutschland* (Berlin: Deutsches Bibliotheksinstitut, 1987), S. 45-47, den Kompromiß „Konversion mit Autopsie."

[25] DFG, „Altbestandserfassung in wissenschaftlichen Bibliotheken der Bundesrepublik Deutschland einschließlich Berlin (West). Positionspapier des Bibliotheksausschusses der Deutschen Forschungsgemeinschaft," *ZfBB* 35 (1988), 54.

[26] Ibid.

[27] In der Literatur sind die Meinungen über den Nutzen des Konversionsinstruments Retro-VK geteilt; vgl. z.B. Regine Schoch, Marcus Sommerstange, Rüdiger Zimmermann, „Der Retro-Verbundkatalog (Retro-VK) des deutschen Bibliotheksinstituts als Konversionsinstrument – eine quantitative und qualitative Untersuchung," *ProLibris* (1997), 225-228, für eine positive, Christian Ritzi, „Retrokonversion in der Bibliothek für Bildungsgeschichtliche Forschung Berlin unter Zuhilfenahme des DBI-Retro-VK," in: *Retrokonversionsprojekte – Planung und Durchführung. Referate und Materialien aus einer Fortbildungsveranstaltung des Deutschen Bibliotheksinstituts* (Berlin: Deutsches Bibliotheksinstitut, 1997), S. 129-134, für eine eher negative Beurteilung.

Daten eignen sich nicht zur kooperativen Katalogisierung.[28] Die Erfahrungen von Altbestandskatalogisierern bestätigen diese Befürchtung: Es ist zeitaufwendiger, ein vorhandenes Retrokatalogisat mit einem vorliegendem Werk zu identifizieren und gegebenenfalls anzupassen, als das Werk in einen leeren Bildschirm neu zu katalogisieren. Eine Unmenge von Dubletten ist so die Folge.

Ein „VD18" sollte demnach vielmehr die Erfahrungen nachnutzen, die bei der Neukatalogisierung von historischem Buchbestand gewonnen wurden – als allererstes natürlich die Erfahrungen der Arbeitsstelle „Sammlung Deutscher Drucke 1701-1800 (DD18)" an der Niedersächsischen Staats- und Universitätsbibliothek Göttingen, die auf eine über 13-jährige Katalogisierungspraxis zurückblicken kann. Das Erwerbungsprofil innerhalb der „Arbeitsgemeinschaft Sammlung Deutscher Drucke (1450-1912)" umfaßt hier:

1. die in den Jahren 1701 bis 1800 im deutschen Sprachraum gedruckten Werke, gleichviel in welcher Sprache sie erschienen,
2. die in diesem Zeitraum in deutscher Sprache erschienenen Werke, gleichviel *wo* sie gedruckt wurden.

Eine in lateinischer Sprache abgefaßte Königsberger Dissertation fällt damit ebenso in das Erwerbungsspektrum wie ein deutschsprachiger Almanach aus Philadelphia. Erworben werden auch Landkarten und Atlanten, Zeitschriften und Reihen, Amtsdruckschriften, Adressbücher, Auktions- und sonstige Kataloge, Kinder- und Jugendbücher, Schulbücher, Hochschulschriften, Personalschriften (wie z.B. Leichenpredigten), Flugschriften etc. Das Erwerbungskonzept sieht keinerlei fachbezogene Einschränkungen vor: Neben der Belletristik wird Literatur aus allen Fachgebieten erworben. [...]

Nicht gesammelt werden dagegen (zumindest vorläufig) Zeitungen, Plakate, Theaterprogramme, Akzidenzdrucksachen und individuell angefertigte Bucheinbände.[29]

Diese antiquarischen Erwerbungen werden – inzwischen *online* mit Titelblattscan – im OPAC der Bibliothek und im Verbundkatalog des GBV bzw. in der Zeitschriftendatenbank (ZDB) nachgewiesen. Dadurch stehen sie über das Inter-

---

[28] *Altbestandserfassung in wissenschaftlichen Bibliotheken*, S. 96: Die Konversion vorhandener Titelaufnahmen hat den Nachteil, „daß insbesondere die kooperative ABE, d. h. die Nutzung bereits erbrachter Vorarbeit (Fremddaten) zumindest erschwert" wird. So berichtet Kaltwasser, „Erschließung alter Buchbestände," S. 178, aufgrund der Münchener Erfahrungen von seiner Erkenntnis, „daß solche [alten] Titelaufnahmen in aller Regel nicht so genau sind, daß man bei zwei Titelaufnahmen sagen könnte, sie meinen dieselbe Ausgabe desselben Werkes. Gerade durch verschiedenartige Abkürzungen langer Titel, aber auch durch verschiedene Katalogisierungsregeln etc. läßt sich solche Identität oft genug nicht feststellen."

[29] Vgl. http://www.sub.uni-goettingen.de/ebene_1/1_hssa.htm.de#SDD [Stand: 26.7.2004]

Das VD 18: bibliographische und bibliothekarische Voraussetzungen

net der Forschung sofort zur Verfügung. Recherchierbar sind die Werke zusätzlich über Ansetzungssachtitel, Basisklassifikation des Verbundes und Gattungsbegriffe. Die Neuerwerbungsliste, die auf dem WWW-Server der Bibliothek im vierteljährlichen Rhythmus aktualisiert aufliegt, stellt also eine Vorstufe zu einem „VD18" dar.

Die deutsche Buchproduktion des 18. Jahrhunderts ist aber einfach zu umfangreich, als daß sich allein durch diese Göttinger Sammlungstätigkeit ein „VD18" von selbst ergäbe. Natürlich liegen einige Bibliotheken aufgrund ihres Bestandsreichtums als Projektpartner für eine erste große Katalogisierungsphase klar auf der Hand: hier in Halle die Universitäts- und Landesbibliothek Sachsen-Anhalt wie auch die Franckeschen Stiftungen, außerdem die Staatsbibliothek zu Berlin, die Sächsische Landesbibliothek – Staats- und Universitätsbibliothek Dresden sowie natürlich die Bayerische Staatsbibliothek in München – um die großen zu nennen.[30] Dazu beitragen werden sicher auch die Sammlungen in Freiburg (UB), Gotha (Forschungsbibliothek), Greifswald (UB), Heidelberg (UB), Leipzig (UB), Stuttgart (WLB), Tübingen (UB), Weimar und Wolfenbüttel. Ein „VD18" darf sich aber nicht nur auf diese Bibliotheken beschränken. Viele Druckwerke wurden lediglich von der lokalen bzw. regionalen Bibliothek gesammelt und sind nur unikal überliefert.[31] Eine Vorstudie könnte für ein gestuftes Verfahren eine endgültige Auswahl von Bibliotheken mit geringer Überschneidungsquote innerhalb Deutschlands aufgrund der DFG-geförderten Altbestandsstudien[32] sowie des *Handbuchs der historischen Buchbestände in*

---

[30] Tendenziell deckt dabei Halle mit Universitäts- und Landesbibliothek sowie der Hauptbibliothek der Franckeschen Stiftungen die protestantische norddeutsche Literatur der ersten Hälfte des 18. Jahrhunderts, Göttingen die der zweiten Hälfte und die Bayerische Staatsbibliothek mit der Münchener Hofbibliothek die süd- und westdeutschen, katholischen und romanischen Bestände ab, da sie durch die Säkularisation viele Klosterbestände übernehmen konnte und deshalb auch die Produktion benachbarter Druckorte wie Augsburg, Prag und Brünn abdeckt, so Siegert, „Zur Bedeutung des Zentralkatalogs Baden-Württemberg," S. 197. Der Altbestand der Göttinger Bibliothek ist dahingegen wissenschaftlicher und thematisch breiter ausgerichtet, deckt den nord- und mitteldeutschen Raum ab. Bei Gerd-J. Bötte u.a. „Die Sammlung deutscher Drucke 1450-1912 - eine Zwischenbilanz," *Bibliothek. Forschung und Praxis* 17 (1993), 313, heißt es zugespitzt: „süddeutsches, katholisches Schrifttum gehört nicht zu den tragenden Säulen des Göttinger Altbestandes."

[31] Klaus Garber stellte die These auf, daß in rein numerischer Hinsicht „die überwiegende Mehrzahl der Druckerzeugnisse des deutschen Sprachraums der Frühen Neuzeit – sofern überhaupt erhalten – nur noch in einem einzigen Exemplar auf der Welt vorhanden ist." Vgl. „Erwartungen der Wissenschaft an Erschließung und Benutzungsmöglichkeiten älterer Literatur. Deutscher Nationalkatalog und Deutsche Nationalbibliothek. Eine gesamtdeutsche Aufgabe im gesamteuropäischen Kontext," in: *Literaturversorgung in den Geisteswissenschaften. 75. Deutscher Bibliothekartag in Trier 1985*, S. 211.

[32] Erdmute Lapp, *Katalogsituation der Altbestände (1501 - 1850) in Bibliotheken der Bundesrepublik Deutschland einschließlich Berlin (West). Eine Studie im Auftrag der Deutschen Forschungs-*

Deutschland[33] treffen – für die europaweite Auswahl wären die Bestandsangaben des *Handbuchs der historischen Buchbestände in Österreich*[34] sowie des *Handbuchs deutscher historischer Buchbestände in Europa*[35] auszuwerten.

Denn das belegt das *Handbuch der historischen Buchbestände*: Die nationale Aufgabe eines „VD18" besitzt internationalen Umfang, sie kann letztlich nur kooperativ unter Einbeziehung der großen, sich gegenseitig komplementierenden Sammlungen z.b. in London, Wien oder Prag gelöst werden. Nur diese gemeinschaftliche Anstrengung kann das kulturelle Erbe des 18. Jahrhunderts erschließen – mit dem „Unterausschuß für kulturelle Überlieferung" sitzen wir mithin genau am richtigen Tisch. Überdies stellen nach der bereits erwähnten, von Syré für die DFG erarbeiteten Vorstudie zur Altbestandserfassung die zahllosen Retrokonversionsdaten nur eine Planungsgrundlage innerhalb eines Zwei-Phasen-Modells dar. Es heißt dort wörtlich:

Wendet man den Zielkonflikt, daß sowohl die Schaffung eines zentralen Nachweises für ältere Bestände als auch die gründliche Neukatalogisierung dieser Bestände notwendig wäre, beides zugleich jedoch nicht zu verwirklichen ist, positiv, dann kann das nur bedeuten, die Erschließung der deutschen Altbestände auf zwei teils parallel, teils diachron ablaufenden Phasen zu verteilen: In der **ersten Phase** wird nach der Methode der Katalogkonversion eine Datenbank für Altbestände aufgebaut, die minimale Ziele, vor allem die Funktion einer Findliste erfüllen wird. Die Daten dieses Nachweises bilden zugleich die Planungsgrundlage der **zweiten Phase**, da sie Antwort darüber geben, mit welchem Mengengerüst Projekte der zweiten Phase zu rechnen haben, wo die zu erfassenden Bestände lokalisiert sind usw. Diese Projekte werden bibliographische Zielsetzungen verfolgen und mindestens eine Neukatalogisierung auf RAK-WB-Niveau, vielleicht auch eine tiefere Erschließung anstreben. Als Beispiel für ein

---

gemeinschaft (Berlin: Deutsches Bibliotheksinstitut, 1989); dies., *Nachweis des deutschen Schrifttums des 18. und 19. Jahrhunderts in Bibliotheken der Bundesrepublik Deutschland und West-Berlins Berlin* (Berlin: Deutsches Bibliotheksinstitut, 1988) sowie Otwin Vinzent, *Katalogsituation der Altbestände (1501-1850) in Bibliotheken der neuen Bundesländer. Eine Studie im Auftrag der Deutschen Forschungsgemeinschaft* (Berlin: Deutsches Bibliotheksinstitut, 1992).

[33] *Handbuch der historischen Buchbestände in Deutschland*, in Zusammenarbeit mit Severin Corsten u.a., hrsg. von Bernhard Fabian (Hildesheim/Zürich/New York: Olms-Weidmann, 1992-2000), 27 Bände.

[34] *Handbuch der historischen Buchbestände in Österreich*, hrsg. von der Österreichischen Nationalbibliothek unter Leitung von Helmut W. Lang in Zusammenarbeit mit dem *Handbuch der historischen Buchbestände in Deutschland*, hrsg. von Bernhard Fabian, Red. Isolde Tröndle-Weintritt und Karen Kloth (Hildesheim/Zürich/New York: Olms-Weidmann, 1994-97), 4 Bände.

[35] *Handbuch deutscher historischer Buchbestände in Europa. Eine Übersicht über Sammlungen in ausgewählten Bibliotheken*, hrsg. von Bernhard Fabian, Red. Claudia Blum u.a. (Hildesheim/Zürich/New York: Olms-Weidmann, 1997-2001), 12 Bände.

Unternehmen der zweiten Phase wäre die retrospektive Nationalbibliographie anzuführen.[36]

Damit fügt sich das „Verzeichnis der Deutschen Drucke des 18. Jahrhunderts (VD18)" nahtlos in den Planungszusammenhang der DFG: Durch das „VD18" werden die Titel der Findlisten derart erschlossen, daß der Forscher sie eindeutig identifizieren kann. Darüber hinaus wird der Forschung bisher unbekanntes Material zur Verfügung gestellt, denn die Neukatalogisierung der vorhandenen Bibliotheksbestände per Autopsie gewährt die Aufnahme von Titeln, die in den existierenden Findlisten aus unterschiedlichen Gründen nicht enthalten sein können, beispielsweise handelt es sich hier um unkatalogisiertes ephemeres Schrifttum oder um die zahlreichen angebundenen Titel aus den für das 18. Jahrhundert noch so typischen Sammelbänden. Das „VD18" wird die bestehenden Findlisten durch umfangreiche neue Funde ergänzen und dem Forschenden die eindeutige Identifizierbarkeit der sich derart vervollständigenden Titelmenge nach Ausgaben, Auflagen und Druckvarianten garantieren.

Soweit zu den bibliographischen und bibliothekarischen Voraussetzungen. Aufgrund der heutigen technischen Voraussetzungen sowie des Erfahrungsvorsprungs, den ein „VD18" durch seine Vorgänger beispielsweise hinsichtlich Verbundlösungen, Integration digitaler *images*, inhaltlicher Erschließung sowie Verfügbarmachung der Werke gewinnen kann, eröffnen sich dem „VD18" beste Perspektiven. Und nicht zuletzt ermutigt der exzellente Fortschritt des *VD17*, das gegenüber dem *VD16* die doppelte Menge in halber Zeit katalogisiert,[37] dazu, nun die Schließung der letzten Lücke in der retrospektiven Nationalbibliographie vorzubereiten.

---

[36] Syré, *Altbestandserfassung in wissenschaftlichen Bibliotheken*, S. 48f.

[37] Thomas Bürger, „Modelle zum Umgang mit originalen und digitalen Drucken. Zur Bereitstellung alter Bücher," in: *Von Gutenberg zum Internet. 7. Deutscher Bibliothekskongreß, 87. Deutscher Bibliothekartag in Dortmund 1997*, hrsg. von Sabine Wefers (Frankfurt a.M.: Klostermann, 1997), S. 53.

Zur quantitativen Präzisierung des Volumens der Literatur des 18. Jahrhunderts – Probleme und Lösungen im deutschsprachigen Raum und internationalen Bereich

Graham Jefcoate

Büchertitel des 18. Jahrhunderts enthalten häufig, was ihren Inhalt betrifft, irreführende Angaben. Insofern steht der Titel meines Beitrags zu diesem Rundgespräch, wie er mir zugeteilt wurde, zweifelsohne voll in der Tradition des 18. Jahrhunderts. Ich werde zwar einiges zum Volumen der Buchproduktion im 18. Jahrhundert und den damit verbunden Problemen zu sagen haben, werde jedoch kaum präzise Zahlen nennen können. Ob mein Beitrag deshalb brauchbare Lösungen für diese Probleme bietet, möchte ich eher bezweifeln. Auch bin ich mir bewusst, dass viele deutsche Bibliothekare und Buchwissenschaftler mehr als ich über die Problematik einer Quantifizierung speziell der deutschen Buchproduktion wissen. Trotzdem hoffe ich, dass mein Versuch einer vergleichenden Interpretation Anlass zu einem klärenden Gespräch sein kann.[1]

Ich bin überzeugt, dass ein Vergleich zwischen nationalbibliographischen Projekten in Europa sowie den Buchproduktionen verschiedener Länder nützlich ist. Insofern gesicherte Zahlen bzw. gut begründete Schätzungen vorliegen, kann er zum Verständnis der besonderen Problematik in bezug auf ein Verzeichnis deutscher Drucke des 18. Jahrhunderts beitragen. Drei mögliche Quellen für solche Zahlen liegen vor: Bibliothekskataloge, vor allem Kataloge wissenschaftlicher Universalbibliotheken; zeitgenössische Buchhandelsverzeichnisse; und, seit einigen Jahren, die Ergebnisse bestehender nationalbibliographischer Projekte in Europa, die die Aufgabe haben, die historische Buchproduktion der jeweiligen Länder zu erfassen. Ich werde hier dafür plädieren, dass man aus den Ergebnissen dieser Projekte, in der Tat erste Schlüsse bezüglich des Volumens eines VD 18 ziehen kann. Ob sie dann auch hilfreich sind, müssen andere entscheiden!

Es liegt heute auf der Hand, dass bei der Planung eines Projekts, das durch Drittmittel finanziert werden soll, einigermaßen verlässliche Angaben zum Umfang der Gesamtaufgabe erwartet werden. Gleichzeitig muss ich feststellen, dass die Ermittlung einer wirklich präzisen Zahl für das Volumen der Buchproduktion des 18. Jahrhunderts so gut wie unmöglich ist. Das Ergebnis wäre nicht nur

---

[1] Mein Dank gilt folgenden Personen, die mir bei der Vorbereitung dieses Beitrags maßgeblich geholfen haben: Dr. Karen Kloth (Münster); Jan Bos (Den Haag); Greg Smith (British Library); Prof. Henry Snyder (Riverside); Dr. Dorothea Sommer (Halle).

kaum verifizierbar, sondern auch nicht das eigentliche Ziel unserer Überlegungen. Vielmehr soll ein besseres Verständnis vom möglichen Volumen eines Projekts VD 18 gewonnen werden. Die Zahl, die wir zu präzisieren suchen, ist natürlich keine absolute Angabe über die Druckerzeugnisse einer Zeitspanne, sondern bezieht auf eine Einschätzung der aufzunehmenden bibliographischen Einheiten. In diesem Zusammenhang habe ich neben dem bestehenden deutschen VD 17 die beiden nationalbibliographischen Projekte zu Rate gezogen, die am weitesten vorangeschritten sind und die wohl am bequemsten mit einem VD 18 vergleichbar sind, nämlich den English Short Title Catalogue (ESTC) sowie den Short Title Catalogue Netherlands (STCN).[2]

Das Projekt English Short Title Catalogue, das Mitte der siebziger Jahre initiiert wurde, wird zur Zeit von zwei redaktionellen Zentren, an der University of California zu Riverside sowie an der British Library in London, getragen. Das ESTC-Projekt nähert sich seinem Ende, so dass ein erster Überblick über die Gesamtergebnisse möglich ist. Das Projekt hatte zunächst zum Ziel, Drucke des 18. Jahrhunderts maschinell zu erfassen, die auf der Basis einer Autopsie vorhandener Exemplare in Bibliotheken, Archiven und anderen für Wissenschaftler zugänglichen Einrichtungen in Großbritannien, Nordamerika und anderen Ländern aufgenommen wurden. Seit Ende der achtziger Jahre wurden auch Drucke des Zeitraums 1475 bis 1700 nach vergleichbaren Aufnahmenprinzipien eingearbeitet. Hierbei handelt es sich um Drucke, die bereits durch frühere „short title catalogues"[3] identifiziert und in Kurzform erfasst worden waren, so dass inzwischen eine maschinenlesbare Nationalbibliographie der Drucke des englischen Sprachraums von der Inkunabelzeit bis 1800 entstanden ist.[4]

Vor dreißig Jahren jedoch stand die Präzisierung des Gesamtumfangs kaum im Mittelpunkt der Überlegungen zum ESTC- Projekt, weder in bezug auf das Volumen der Buchproduktion der jeweiligen Zeiträume, noch in bezug auf die Gesamtzahl der aufzunehmenden bibliographischen Einheiten.[5] Dass der Schwerpunkt auf andere Themen gelegt wurde, zum Beispiel auf die Festlegung von Aufnahmekriterien und -prinzipien, lag vielleicht daran, dass das Projekt zu-

---

[2] Auch zu berücksichtigen wäre unter anderen die *Svenska bibliografi* 1700-1829, ein Projekt der Königlichen Bibliothek in Stockholm.

[3] Vor allem A. W. Pollard und G. R. Redgrave, *A short-title catalogue of books printed in England [...] 1475-1640*. 2. Ausg., London 1976-1991.

[4] Zur Zeit über RLIN zugänglich, dem Datennetz der Research Libraries Group, www.rlg.org.

[5] Vgl. R. C. Alston und M. J. Jannetta, *Bibliography, machine-readable catraloguing and the ESTC*. London 1978, sowie M. Crump und M. Harris (Hrsg.), *Searching the eighteenth century*, London 1983 (insbesondere die Einführung).

nächst ohne externe Unterstützung allein von der Nationalbibliothek British Library getragen wurde. Dass keine verlässlichen Zahlen zu ermitteln waren, spielte dabei zweifellos auch eine Rolle. Man konnte zwar die Auswahlkriterien und -prinzipien im Rahmen eines Pilotprojekts präzisieren, doch blieb der Umfang der Gesamtaufgabe, was eine realistische Einschätzung der vorhandenen und aufzunehmenden bibliographischen Einheiten betraf, zunächst unbekannt.

Ich vermute, man ging davon aus, dass die überwiegende Mehrzahl der englischsprachigen Drucke des 18. Jahrhunderts in der Universalsammlung der British Library vorhanden war. Außerdem lag bereits ein „STC" der nordamerikanischen Buchproduktion bis 1810 vor, der im „North American Imprints Project" (NAIP) als Basis für eine maschinenlesbare Nationalbibliographie dienen sollte.[6] Ausgangspunkt der Arbeit des ESTC war also die Bestände einer Nationalbibliothek, und vor allem der *General Catalogue* (GK), das wohl bisher umfangsreichste bibliographische Verzeichnis der Buchproduktion Großbritanniens im 18. Jahrhundert.

Bereits beim Pilotprojekt wurde jedoch klar, dass der bestehende Katalog nur lückenhaft Auskunft geben konnte über den Gesamtumfang der Bestände der British Library in diesen Bereichen. Viele Einzeldrucke wurden unter einem so genannten „dump entry" - einem Sammeleintrag - im Katalog versteckt. Andere, die bisher von keinem Katalog berücksichtigt worden waren, wurden zum Beispiel im Department of Manuscripts entdeckt. Insgesamt hat man bis Ende der achtziger Jahre rund 180.000 bibliographische Einheiten an der British Library identifiziert und erfasst. Als weitere Sammlungen außerhalb der Nationalbibliothek in Betracht gezogen wurden, erkannte man ferner, dass bei dieser vermeintlichen Universalsammlung viele – auch bedeutende – Drucke fehlten, zum Beispiel aus englischen Provinzstädten, ganz zu schweigen von Ephemera aller Art. Anfang der neunziger Jahre ging man davon aus, dass etwa 20% aller Titel, die aus anderen Bibliotheken an die Redaktion gemeldet wurden, „neuen" Editionen entsprachen und deshalb als Grundlage für neue bibliographische Einträge im ESTC dienten. Der *General Catalogue* bestätigte sich zwar als unentbehrlicher Ausgangspunkt für eine Untersuchung der Buchproduktion des 18. Jahrhunderts; jedoch als Basis für eine Einschätzung der gesamten Buchproduktion bzw. der aufzunehmenden bibliographischen Einheiten war er kaum nutzbar.

---

[6] Ein Projekt der American Antiquarian Society (Worcester, Mass.). Die Ergebnisse wurden später in den Gesamtkatalog ESTC integriert.

Die Kollegen des STCN kamen bei ihrer Untersuchung der Bestände der Königlichen Bibliothek in den Haag zu einem ähnlichen Ergebnis. Aufgrund von bestehenden Katalogen von Druckverzeichnissen wurde mit einer Gesamtzahl von etwa 36.000 Drucken des 18. Jahrhunderts in der Sammlung der KB gerechnet. Die tatsächliche Zahl belief sich rund 48.000, da viele Ephemera nicht eigens im Katalog verzeichnet waren.

Wie beim Katalog einer wissenschaftlichen Universalbibliothek im Sinne des 19. Jahrhunderts zu erwarten, enthält der Katalog der British Library die überwiegende Mehrheit der bedeutenden Drucke des 18. Jahrhunderts, und damit des literarischen und wissenschaftlichen Kanons. Nationalbibliographien verzeichnen jedoch nicht nur kanonische Texte oder Monographien, sondern Drucke insgesamt, die als bibliographische Einheiten aufgenommen werden. Im Kontext der Einträge einer Nationalbibliographie ist die vermeintliche Bedeutung eines Textes ziemlich nebensächlich: Eine Königsberger Leichenpredigt nimmt so viel Platz in der Datenbank ein wie die *editio princeps* der *Kritik der reinen Vernunft*, Johnsons *Dictionary* wie die Ankündigung einer Pferdeauktion. Das ist sicherlich ein wesentlicher Aspekt der wissenschaftlichen Nutzbarkeit einer Nationalbibliographie und macht nicht zuletzt ihren Reiz aus.

In den Niederlanden hatte man bereits 1910 einen Plan vorgelegt, eine Titelliste zu erstellen, die als Basis für eine „Allgemeine Niederländische Bibliographie" dienen sollte. Grundlage der Titelliste sollte nicht der Katalog einer Universalbibliothek sein, sondern die Einträge diverser Bibliotheks- und Buchhandelskataloge. Früh wurde jedoch erkannt, dass auch durch solche Quellen die Produktion der niederländischen Druckerpresse in ihrer Gesamtheit nicht erfasst werden konnte. In einer Parallelentwicklung versuchten Buchwissenschaftler, diese Gesamtproduktion, wenn zunächst auch nur für bestimmte Orte und begrenzte Zeiträume, zu erfassen. "At long last", so die Gründer des Projekts "Short Title Catalogue Netherlands" (STCN), "the value also of small, ugly, dirty and ephemeral material has been recognized".[7]

Dieses Prinzip sollte demnächst für den STCN gelten, eine Online-Nationalbibliographie niederländischer Drucke des Zeitraums 1540 bis 1800, die seit den frühen achtziger Jahren nach ähnlichen Prinzipien wie der ESTC an der Königlichen Bibliothek in Den Haag geführt wird.[8] Beim STCN wird folglich

---

[7] J. A. Grus, P. C. A. Vriesma, C. de Wolf, ‚Dutch National Bibliography 1540-1800: the STCN', in: *Quaerendo* 13 (1983), S. 153.

[8] www.kb.nl/stcn

zwischen zwei Kategorien unterschieden: „regulären" Schriften, die etwa über den Buchhandel verbreitet wurden, und „besonderen Kategorien", die durch andere Verteilerkanäle („distribution networks") in Umlauf kamen und häufig nur für kurze Zeit Verwendung fanden, aber trotzdem vom großen wissenschaftlichen Interesse sind.

Offensichtlich bestand die überwiegende Mehrheit aller Erzeugnisse der europäischen Druckerpressen seit der frühen Neuzeit aus „small, ugly, dirty and ephemeral material", Materialien, die, wenn überhaupt, nur sehr lückenhaft in wissenschaftlichen Bibliotheken vertreten sind, und deren Umfang im wahrsten Sinne des Wortes unschätzbar ist. Solche „Gebrauchsliteratur" hat sich überhaupt nur selten erhalten, bzw. sie wurde zu Tode gelesen („read to death"), aber gerade solche kaum bekannten Schriften erweisen sich häufig als Quellenmaterial von hohem wissenschaftlichem Interesse. Ich würde sogar vermuten, dass im Kontext einer Nationalbibliographie Leichenpredigten und Auktionsankündigungen für Gesellschafts- und Kulturhistoriker interessanter sind als etwa qualitätsvolle bibliographische Beschreibungen bekannter Titel von Kant oder Johnson.

Reinhard Wittmann hat ein ähnliches Problem bei der Feststellung des Umfangs der deutschen Buchproduktion der frühen Neuzeit erkannt. Bei den Hauptquellen, den Frankfurt und Leipziger Messekatalogen, fehlten „etwa die zahlenmäßig beträchtlichen lokalen Kleinschriften und Gelegenheitsdrucke, katholische Gebet- und Erbauungsbücher, akademische Schriften und nicht zuletzt die kaum mehr rekonstruierbare Jahrmarktsproduktion populärer Art".[9] Aber inwieweit ist dieses Material noch zu finden, ist diese „Jahrmarktproduktion" noch rekonstruierbar?

Zunächst muss ich feststellen, dass die Problematik sich nicht nur auf populäre Literatur beschränkt. An dieser Stelle möchte ich Sie auf eine kurze Exkursion in den Norden unseres Landes mitführen, und zwar in die schottische Hauptstadt Edinburgh, im 18. Jahrhundert als „Athen des Nordens" bekannt, als Zentrum der so bedeutenden schottischen Aufklärung. Sie werden wohl überrascht sein, wenn ich Ihnen verrate, dass Edinburgh, berechnet nach der Anzahl überlieferter Drucke, mit beträchtlichem Abstand der produktivste Druckort des 18. Jahrhunderts war, und zwar London, Paris, Amsterdam und Leipzig weit überlegen. Dies hat aber nichts mit Adam Smith, David Hume oder sonst mit schottischer

---

[9] Reinhard Wittmann, *Geschichte des deutschen Buchhandels: Ein Überblick*. München 1991, S. 75-76.

Gelehrsamkeit zu tun, und auch nicht mit Jahrmarktproduktionen, sondern mit dem schottischen Justizsystem und vor allem mit schottischer Prozessfreudigkeit. Im 18. Jahrhundert galt die Vorschrift, dass zu jedem Stadium eines schottischen Prozesses die Aussagen der Beteiligten im Voraus gedruckt und verteilt werden mussten, mit dem Ergebnis, dass Edinburgher Bibliotheken und Archive heute noch über Abertausende solcher Schriften verfügen.

Nach den Aufnahmeprinzipien des ESTC stellt jede solche schottische juristische Amtschrift eine bibliographische Einheit dar, die einzeln aufgenommen werden muss. Es kommt hinzu, dass sich die Feststellung der Personennormendaten als äußerst langwierig erwies: Sie würden sich zum Beispiel wundern, wie viele Schotten im 18. Jahrhundert „Archibald Campbell" hießen! Die maschinelle Recherchierbarkeit dieses bisher unkatalogisierten Materials stellt jedoch für die Erforschung der schottischen Gesellschaft im 18. Jahrhundert ein wichtiges Forschungsinstrument mit vermutlich ungeahnten Möglichkeiten dar.

Die Gründungsväter des ESTC vermuteten natürlich von diesem Material nichts, obwohl es bis 20% alle Einträge in der Nationalbibliographie der englischsprachigen Länder im 18. Jahrhundert ausmachen könnte. Mit Sicherheit werden in lokalen Bibliotheken, in Archiven, Museen und anderen Institutionen, die nicht zum Kreis der wissenschaftlichen Bibliotheken zählen, bisher unbekannte Quellen wie Ephemera oder Gebrauchsliteratur gefunden werden, die in ihrer Gesamtheit für die Wissenschaft von besonderer Bedeutung sein werden. Es zählt daher zu den Hauptaufgaben eines nationalbibliographischen Projekts, solches Material zu entdecken und der Wissenschaft zur Verfügung zu stellen. Der Gesamtumfang solcher Entdeckungen ist jedoch schwer einschätzbar. Jan Bos, der Leiter des STCN-Projekts an der KB, zitiert das Beispiel katholischer Kirchenbücher in den Niederlanden aus der Zeit zwischen 1680 und 1840. Von vier Ausgaben konnte nur in einem Fall mindestens ein Exemplar nachgewiesen werden, es bestand also eine Überlieferungsrate von lediglich 25%:

„More expensive, larger and better bound church books in roman type had a significantly better chance of survival than their cheaper, smaller, poorly bound counterparts in black letter type, even if the print-run of the latter was much larger".[10]

---

[10] Jan Bos, 'The survival chance of books', in: *Bibliopolis: history of the printed book in the Netherlands*. Zwolle, Den Haag 2003, S. 154.

Material dieser Art, zu den so genannten „besonderen Kategorien" zählend, macht etwa 22% der bisherigen Titelaufnahmen beim STCN aus. Im Vergleich dazu schätzt Bos, dass heute noch Exemplare von etwa 80% aller „regulären" Titel zu finden sind.

Um an dieser Stelle kurz zusammenzufassen: Bisherige Vermutungen über den Gesamtumfang der Druckproduktion eines Landes im 18. Jahrhundert, die sich auf Buchhandelsverzeichnisse und Kataloge wissenschaftlicher Bibliotheken stützen, werden nur bedingt von Nutzen sein. Dagegen liegen brauchbare Zahlen vor, die durch bereits vorangeschrittene nationalbibliographische Projekte gesichert sind. Eine Nationalbibliographie muss die Druckerzeugnisse eines jeweiligen Zeitraums nach bestimmten Kriterien und Prinzipien in ihrer Gesamtheit erfassen. Bei der Planung eines solchen nationalbibliographischen Projektes gilt das Motto: „Expect the unexpected", gerade solche Entdeckungen sind es, die den wissenschaftlichen Wert des gesamten Unternehmens unterstreichen.

Trotzdem wird keine Organisation, die die Entwicklung eines VD 18 als wissenschaftliches Instrument fördern soll, sich mit Aussagen dieser Art zufrieden geben. Die Erstellung einer Nationalbibliographie ist zweifellos die Aufgabe einer ganzen Generation (ESTC und STCN werden beide etwa 30 Jahre brauchen, um die Projektphasen ihrer Arbeit abzuschließen), sollte sich trotzdem eingrenzen lassen und abschließbar sein. Einen Vorteil hat das Unternehmen VD 18 gegenüber den Projekten der Nachbarländer kann man erkennen: Im Vergleich zu den Gründern dieser Projekte verfügen die Initiatoren über einigermaßen verlässliche Daten zur Buchproduktion vergleichbarer Länder und, natürlich, auch zu Deutschland im 17. Jahrhundert. Welche Schlüsse kann man daraus ziehen?

Zunächst muss man sich der elementaren die Unterschiede zwischen dem englischen, niederländischen und deutschen Sprachraum bewusst werden. Wenn die Niederlande bis ca. 1725 noch als Umschlagsplatz des europäischen Buchhandels galten, dann wird die zweite Hälfte des Jahrhunderts eher als Zeitalter des kulturellen und wirtschaftlichen Niedergangs oder zumindest. der Stagnation gekennzeichnet. Während des 18. Jahrhunderts befanden sich Großbritannien und seine Kolonien dagegen in einer Phase rascher Expansion. London wurde zur atlantischen Metropole, die bis 1800 etwa 600.000 Einwohner zählte. Neue kulturelle und wirtschaftliche Zentren entwickelten sich im Norden Englands, in Irland, Schottland und vor allem in Nordamerika. Wenn bis ca. 1710 der englische Buchdruck weitgehend auf London und die beiden Universitätsstädte Oxford und Cambridge beschränkt war,[11] entwickelte sich danach eine Reihe von englischen Provinzstädten rasch zu bedeutenden Druckorten. Hinzu kamen die schottischen Groß- und Universitätsstädte, vor allem Edinburgh und Glasgow, die irische Hauptstadt Dublin und nordamerikanische Zentren, vor allem Philadelphia, Boston und New York. Ab ca. 1790 wurde auch Kalkutta, das Machtzentrum der britischen East India Company, zu bedeutendem Druckort. Die „Nationalbibliographie" ESTC umfasst daher nicht nur alle englischsprachigen Drucke bis 1800 sondern alle Drucke im britischen bzw. amerikanischen Machtbereich in welcher Sprache wie immer.

Ich werde an dieser Stelle die buchhistorische Entwicklungen in den deutschsprachigen Ländern im 18. Jahrhundert, nicht zu beschreiben versuchen, sondern nur vermerken, dass Wittmann die Zunahme der jährlichen Novitäten auf dem Büchermarkt als einen „steilen Anstieg des Handelsvolumens" charakterisieren:

„Um 1740 rechnete man mit etwa 750 jährlichen Neuerscheinungen, in den achtziger und neunziger Jahren schätzten Zeitgenossen die Produktion des deutschen Sprachraums ohne das Habsburgerreich auf rund 5000 Novitäten pro Jahr."[12]

Diese vermutete Steigerungsrate wird man bei der Ermittlung grundlegender Daten im Blick haben müssen.

Ein anderer Faktor, der Auswirkung auf die Bestandszahlen hat, sind die unterschiedlichen Aufnahmekriterien der verschiedenen Nationalbibliographien. ESTC und STCN schließen sowohl Landkarten und ausschließlich gestochene Werke als auch viele andere „Randkategorien" komplett aus. STCN nimmt zudem keine Einblattdrucke („broadsides") auf. In der anglo-amerikanischen Buchwissenschaft hingegen wurden Einblattdrucke wie andere Drucke behandelt, und ESTC berücksichtigt sie selbstverständlich.

Die Ergebnisse der „Schlussphase" des ESTC liegen bereits vor. Während man vor 20 Jahren mit einer Gesamtzahl von etwa 400.000 Titeln im 18. Jahrhundert gerechnet hat, wie zum Beispiel Alan Sterenberg im Jahre 1982,[13] wurden bisher rund 334.000 bibliographische Einheiten aufgenommen. Laut Professor

---

[11] Die erste Druckerpresse in Wales wurde zum Beispiel erst um 1720 tätig.

[12] Wittmann, op.cit., S. 112.

[13] Vgl. *Seaching the eighteenth century*, S. 40.

Henry Snyder, dem Direktor des ESTC in Nordamerika, bleiben jedoch noch 30-40.000 schottische Prozessschriften unberücksichtigt. Trotzdem ist klar, dass man anfangs die Anzahl der Titel, die zur Aufnahme anstanden, etwas überschätzte.

Zu dieser Überschätzung kam es vielleicht, weil viele kleinere Bibliotheken und Archive, vor allem in England, noch nicht oder nicht systematisch untersucht wurden.[14] Es scheint mir jedoch trotzdem unwahrscheinlich, dass auch im Falle einer systematischen Durchforstung solcher Institutionen, *erhebliche* Mengen unkatalogisierte Materials, z.B. „Jahrmarktproduktionen" oder noch unbekannte Amtschriften, ans Tageslicht kämen. Deshalb gehe ich davon aus, dass die geschätzte Gesamtzahl von 400.000 Einheiten für das 18. Jahrhundert noch als gute Ausgangsbasis gelten kann, und dass bei der Projektphase die Anzahl von ca. 350.000 nicht überschritten wird. Auch für das 17. Jahrhundert kann die Gesamtzahl von rund 119.000 Einheiten als relativ sicher gelten, zumal sie auf jahrzehntelange Untersuchungen durch die Vorgängerprojekte des ESTC basiert.

Es ergibt sich somit ein interessantes Zwischenergebnis: In der angloamerikanischen Nationalbibliographie ESTC wurden bisher etwas weniger als dreimal soviel Drucke des 18. Jahrhunderts wie Drucke des 17. Jahrhunderts erfasst. Auch wenn auf eine Gesamtzahl von 400.000 hochrechnet wird, ergibt sich nur ein Verhältnis von etwa 1:3,3.

Bei STCN musste man ebenfalls feststellen, dass die ersten Rechnungen etwas zu hoch gesetzt waren. Am Anfang des Projekts ging man von einem Gesamtvolumen von 300.000 bibliographischen Einheiten aus. Bis Dezember vergangenen Jahres wurden 123.000 Titel erfasst, oder 51% der inzwischen angenommen Gesamtzahl von 240.000 Einheiten, von denen ca. 85.000 aus dem Zeitraum 1601 bis 1700 und 150.000 aus dem 18. Jahrhundert stammen sollen.[15] Mit anderen Worten: Es wurde wohl trotz des relativen Niedergangs im niederländischen

---

[14] Die British Library musste früh erkennen, dass das ESTC-Projekt nicht über die Ressourcen verfügte, solche Untersuchungen am Ort selbst zu unternehmen. Stattdessen wurden in der Regel diejenigen Titel aufgenommen, die auf freiwilliger Basis von den Bibliotheken und Archiven an die Zentralredaktion gemeldet wurden. (Solchen Projektteilnehmern wurde die kostenlose Zulieferung der elektronischen ESTC-Aufnahmen zu ihren Beständen zugesichert.) Aus diesem Grund bleiben leider vor allem viele kleinere Sammlungen, die nicht über die für eine Projektteilnahme notwendigen Ressourcen oder Expertise verfügten, unberücksichtigt.

[15] "A necessarily very rough estimate of the extant book production of this period [1725-1830] amounts to 175,000 to 200,000 different editions" (op. cit. S. 153).

Buchhandel nach ca. 1725 fast doppelt soviel gedruckt wie im Jahrhundert zuvor.

Wenn man das gleiche Prinzip auch für den deutschen Sprachraum gelten ließe, ergäbe sich eine Gesamtzahl für das 18. Jahrhundert, die etwa zwei bis dreimal so hoch liegt wie die Zahl für das 17. Jahrhundert. VD 17, Wittmanns Zahlen folgend, geht von einem Gesamtvolumen von ca. 265.000 bibliographischen Einheiten aus,[16] übrigens in einem Jahrhundert, als die Bevölkerung des Reiches trotz erheblicher Verluste im Dreißigjährigen Krieg vier oder fünfmal so groß war, wie die der britischen Inseln. Die bisherigen Ergebnisse des Projekts scheinen diese Prognose jedoch in Frage zu stellen. Obwohl bis jetzt über 200.000 Titel aufgenommen wurden, konnten viele Gebiete im deutschen Sprachraum noch nicht berücksichtigt werden. Ich gehe aber davon aus, dass die Gesamtzahl von 300.000 nicht überschritten wird und dass die bisherige Prognose von ca. 265.000 Titeln der Anzahl von aufzunehmenden bibliographischen Einheiten im 17. Jahrhundert ungefähr entspricht.

Welche Formel wir für die Hochrechnung im 18. Jahrhundert benutzen wollen, hängt natürlich von unserer Interpretation der sozialhistorischen Entwicklungen ab: Befand sich Deutschland im 18. Jahrhundert eher im Aufschwung oder in einer Zeit der Stagnation? Wittmanns Bild des Buchhandels basiert auf früheren Studien der Messekataloge und deutet auf ein stetiges Wachstum ab ca. 1740 hin. Wenn wir, dem ESTC-Modell folgend, von einem Verhältnis von 1:3 ausgehen, ergäbe sich bei 265.000 Titeln im 17. Jahrhundert ein Gesamtvolumen für das 18. Jahrhundert von fast 800.000! Wenn wir glauben, dass Deutschland sich im 18. Jahrhundert eher in niederländischen Bahnen entwickelte und das VD 18 sich eher am STCN mit einem entsprechenden Verhältnis von 1:2 orientieren sollte, so ergeben sich Zahlen um 530.000.

Ich möchte mich an dieser Stelle als eher konservativ bekennen und für eine vorläufige Hochrechnung von rund 600.000 Einheiten plädieren, mit anderen Worten für eine Zahl, die mit 2,25 multipliziert der von Wittmann und VD 17 bisher angenommenen Gesamtzahl für das 17. Jahrhundert entspricht. Selbstverständlich muss man auch an die Zerstörung von Buchbeständen im Zweiten Weltkrieg erinnern, die vermutlich die Anzahl noch auffindbarer Titel des 18.

---

[16] Wittmann, op. cit., S. 76.

Jahrhunderts nach unten drücken würde.[17] Um diese Zahl zu untermauern könnte man sich als Aufgabe eines Pilotprojekts folgendes Vorgehen vorstellen:

1. Man stellt die Zahl der „regulären" Drucke fest, insoweit sie in Buchhandelsverzeichnissen und Messekatalogen nachweisbar sind. Durch Stichproben überprüft man die Annahme Jan Bos', dass von ca. 80% dieser Titel noch Exemplare auffindbar sind. Man erreicht dadurch eine vorläufige Hochrechnung.
2. Man nimmt dazu die Anzahl der bereits vorhandenen Aufnahmen zu deutschsprachigen Drucken aus den maschinenlesbaren Nationalbibliographien anderer Länder, vor allem aus Nordamerika, Skandinavien und den Niederlanden.
3. Man schätzt die Zahl der „regulären" und „besonderen" deutschen Drucke des 18. Jahrhunderts in den Katalogen der vier oder fünf größten wissenschaftlichen Bibliotheken (darunter vermutlich Göttingen, Berlin, München, Halle). Man achtet dabei natürlich auf Dubletten. Man stützt sich auf Erkenntnisse des VD 17 und der Sammlung deutscher Drucke, um den Prozentsatz der Drucke, die nicht in wissenschaftlichen Bibliotheken vorhanden sind, zu ermitteln und errechnet eine vorläufige Gesamtzahl der „regulären" und „besonderen" Drucke, die als Basis eines VD 18 dienen können.[18] Man beachtet dabei auch das Ausmaß der Zerstörung von Beständen im Zweiten Weltkrieg.
4. Man vergleicht die Zahlen (1) und (2) mit (3) und kommt zu einer Hochrechnung. Diese berücksichtigt die so genannten „regulären", noch auffindbaren deutschen Schriften des 18. Jahrhunderts sowie die „besonderen Kategorien", soweit sie in den größten wissenschaftlichen Bibliotheken zu finden sind.
5. Man schätzt die Gesamtzahl der „besonderen Kategorien", die noch auffindbar und aufzunehmen sind, auf der Basis der Erkenntnisse des STCN und eventuell des VD 17. Dabei man geht von höchstens 25% der „regulären" Drucke aus, die hinzu gerechnet werden müssen.
6. Man vergleicht das Gesamtergebnis mit der bereits angestellten Hochrechnung nach den Ergebnissen der bestehenden nationalbibliographischen Pro-

---

[17] Aus der Erfahrung der Redaktion des *Handbuch der deutschen historischen Buchbestände* wird berichtet, dass viel zerstörtes Material an anderen Orten – sogar im Ausland - noch auffindbar ist. Als Beispiel werden preußische bzw. schleswig-holsteinische Amtschriften erwähnt, die noch in Wien bzw. Kopenhagen erhalten sind.

[18] Man nimmt übrigens zur Kenntnis, dass um 1800 die Göttinger Bibliothek ca. 2.000 neue Zugänge aufnahm, während die jährliche Produktion allein „regulärer" deutscher Titel ca. 5.000 gewesen sein soll.

jekte. Meine Vermutung ist, dass die letzte Zahl wesentlich niedriger ausfallen könnte.

Man hätte durch die Erstellung eines solchen Modells zumindest einen einigermaßen gesicherten Rahmen für die Planung geschaffen. Es ist aber bereits in diesem Stadium schwer vorstellbar, dass der Gesamtumfang eines VD 18 weniger als das Zweifache oder mehr als das dreifache Volumen des VD 17 ausmachen wird. Meine Vermutung ist, dass man für ein Projekt mit einem Gesamtumfang von ca. 600.000 bibliographischen Einheiten planen sollte, alle Angaben ohne Gewähr!

Zum Abschluss möchte ich zur Zusammenarbeit aufrufen: Eine deutsche Nationalbibliographie soll und kann erst durch eine enge Kooperation auf europäischer Ebene entstehen. Als Partner sollten andere nationalbibliographische Projekte angeworben werden, nicht zuletzt damit ein sinnvoller Datenaustausch, z.B. von Aufnahmen von ausländischen Drucken in deutscher Sprache oder deutschen Drucken in anderen Sprachen, stattfinden kann. Auch mit den nationalbibliographischen Zentren anderer Länder – man denke an die Nationalbibliotheken der baltischen Länder – sollte eng zusammengearbeitet werden.

Vorstellbar wäre ein Verfahren für ein VD 18, dass sich nicht nur aus der Praxis des VD 17 sondern auch aus der Erfahrung anderer Projekte ableiten ließe. Eine „Nationalbibliographie" der deutschsprachigen Länder im 18. Jahrhundert soll möglichst umfassend sein. Sie sollte Aufnahmen aus bestehenden Nationalbibliographien übernehmen, z.B. um den deutschsprachigen Buchdruck in Nordamerika, England, den Niederlanden und Skandinavien zu dokumentieren. Sie sollte sich außerdem zum Ziel setzen, die Bedeutung des deutschen Buchdrucks für das Baltikum und in Südosteuropa zu belegen.

Vor allem sollte ein VD 18 versuchen, den deutschen Druck *in seiner Gesamtheit* zu erschließen, auch das für die Wissenschaft so bedeutende gedruckte Erbe außerhalb der Bestände der wissenschaftlichen Bibliotheken.

Selbstverständlich stellt ein VD 18 eine beträchtliche Investition in eine Forschungsinfrastruktur dar. Meines Erachtens sollte die Arbeit auch in enger Kooperation mit Wissenschaftlern und Benutzergruppen vorgenommen werden: Nur wenn sie das Potential der Recherchierbarkeit der gesammelten Daten erkennen und das VD 18 als ein unentbehrliches Forschungsinstrument ansehen, wird die Zukunft des Unternehmens gesichert sein. Das VD 18 muss als eine nationale Aufgabe für das deutsche Bibliothekswesen und zugleich für die deutsche geisteswissenschaftliche Forschung verstanden werden.

Anhang: Nationalbibliographien im Vergleich

English Short Title Catalogue

Quelle: Greg Smith, Early Printed Collections, British Library
Stand: April 2004

Total database size = 468,474
STC   =   38,899
Wing   =   95,627
18th C   = 333,962

15thC =   476
16thC =   15,182
17thC =   118,791
18thC =   333,962

Short Title Catalogue Netherlands

Quelle: Jan Bos, STCN, Koninklijke Bibliotheek
Stand: Dezember 2003

Geschatte boekproductie 1540-1800

	Totaal	Reguliere boeken	Bijzondere categorieën
1540-1700	90.000	60.000	30.000
1701-1800	150.000	100.000	50.000
Totaal 1540-1800	240.000	160.000	80.000

Stand van zaken december 2003

	Totaal verwerkt	Verwerkt regulier	Verwerkt bijzonder
1540-1700	64.000 (= 71 %)	51.000 (= 85 %)	13.000 (= 43 %)
1701-1800	59.000 (= 39 %)	46.000 (= 46 %)	13.000 (– 22 %)
Totaal 1540-1800	123.000 (= 51 %)	97.000 (= 61 %)	26.000 (= 33 %)

VD 17

Quelle: Dr. Dorothea Sommer, UB Halle
Stand: 2003

203.572 Titel (383.686 Exemplare, 78.815 Personennormdatensätze, 4813 Druck- und Verlegernormdatensätze)

"... erwartet wurde ein Nachweis von 265.000 Titeln, das Projekt hat momentan rund 200.000 Titel erfasst (alle Bibliotheken)"

Zeitrahmen, Mengen- und Kostengerüste eines VD 18

Heiner Schnelling

Die folgende Kalkulation wird im Rahmen eines DFG-Rundgesprächs vorgelegt. Sie hat eher den Charakter, der einem Werkstattgespräch angemessen sein muß. Wie alle Kalkulationen, die in einem solchen Kontext vorgelegt werden, bedarf auch diese der Ergänzung, Kritik usw. Sie kann nicht mehr sein als ein Entwurf.

Entwürfe dieser Art sind notwendigerweise theoretisch. Sie beschreiben ein Ideal, das im wirklichen (Projekt-)Leben nicht immer bestätigt wird. Über erwartbare Differenzen der hier vorgelegten Kalkulation und dem wirklichen Leben wird nicht nur hier zu sprechen sein.

Zwei Dinge vorweg. Zum einen ist diese Kalkulation in wesentlichen Parametern sowie der grundsätzlichen Methode dem Modell des VD 17 verpflichtet. Dieses hat sich in den vergangenen Jahren bewährt und gewährleistet den aller Voraussicht planmäßigen Abschluß dieses Projekts in einem Zeitraum zwischen 2006 und 2008. Zum anderen bezieht diese Kalkulation eine gewisse Ermutigung durch den Vergleich der beiden Langzeit-Projekte VD 16 und VD 17, der auf folgenden Punkt gebracht worden ist: Die doppelte Menge von Titeln könne im VD 17 in der Hälfte der Zeit bearbeitet werden, die bisher auf das VD 16 zu veranschlagen war.[1]

1 Bezugspunkte

Ein neues Langzeit-Projekt wie ein VD 18 kann sich auf eine Reihe von ähnlich breit angelegten und von der DFG geförderten Projekte stützen. Neben VD 16 und VD 17 muß hier vor allem das ABE-Projekt genannt werden, das zwischen 1983 und 2004 die retrospektive Erfassung von Katalogisaten in 15 Bibliotheken sowohl der alten wie auch der neuen Bundesländer ermöglichte. Insgesamt 4,356 Mill. Titelaufnahmen wurden in 4.926 Personenarbeitsmonaten (PAM) konvertiert, wozu nicht weniger als 12,1 Mill. EUR an Projektmitteln erforderlich waren.[2] Im Bereich des VD 16 wurden seit 1985 für Publikationsarbeiten der BSB München 1,86 Mill. EUR aufgewendet, für die zweite Phase der Erfas-

---

[1] Ich kenne diese Feststellung von Thomas Bürger, Sächsische Landesbibliothek – Staats- und Universitätsbibliothek Dresden.

[2] Ekkehard Henschke, Altbestandserschließung in wissenschaftlichen Bibliotheken: Abschlußbericht über das Förderprogramm der Deutschen Forschungsgemeinschaft. In: Zeitschrift für Bibliothekswesen und Bibliographie, 51 (2004), S. 92-97.

sungsarbeiten dieses Projekts im selben Zeitraum durch die HAB Wolfenbüttel 1,3 Mill. EUR.[3] Ausweislich des Jahresberichts hat das VD 17 zum Ende des Jahres 2003 ca. 203.572 Titel erfaßt, davon 131.771 (64,7%) im Alleinbesitz einer teilnehmenden Bibliothek. Insgesamt wurden 383.686 Exemplare bearbeitet, was einer durchschnittlichen Exemplarzahl von 3,51 bei Mehrfachbesitz entspricht. Da unter den genannten DFG-geförderten Projekten das VD 17 erstmals bibliographische mit optischen Daten verbindet („Schlüsselseiten"), soll hier auch der diesbezügliche Zwischenstand festgehalten werden: Insgesamt wurden bis Ende 2003 453.815 Bilder solcher Schlüsselseiten angefertigt, was einem Durchschnitt von 3,4 Bildern pro Titel im Alleinbesitz entspricht.[4]

Bleiben wir einen Moment noch beim VD 17. Angefangen hat das Projekt mit drei Leit- sowie drei assoziierten Bibliotheken (in den neuen Bundesländern). Aktuell sind neun Bibliotheken beteiligt. Die DFG fördert die Katalogisierungsarbeiten zur Zeit im Umfang von 23,5 Stellen des gehobenen Bibliotheksdienstes an wissenschaftlichen Bibliotheken. Aus der traditionellen Praxis der DFG, zu ihrem Förderbeitrag einen Eigenanteil der Bibliotheken von 50% zu erwarten, ergibt sich, daß zur Zeit etwas mehr als 35 Stellen des gehobenen Bibliotheksdienstes im VD 17 engagiert sind. Der DFG entstehen für die von ihr geförderten Stellen jährliche Aufwendungen von zur Zeit rund 1,04 Mill. EUR.[5]

2 Koordinaten der Planung eines VD 18

Die Koordinaten müssen zunächst auf die Förderstrukturen der DFG für entsprechende Projekte rekurrieren. Darunter fällt bisher nur die Förderung der Formalkatalogisierung im genannten Verhältnis von zwei geförderten Anteilen zu einem Eigenanteil. Darunter fällt somit nicht die insbesondere für das VD 17 so wichtige Anfertigung der Digitalisierung von Schlüsselseiten, weiterhin nicht sämtliche anderen mit einem Projekt verbundenen Arbeiten, so etwa die Projektkoordination oder der Transport- oder Magazindienst, der bei bibliographischem Massenprojekten - wie bei einem VD 18 erwartbar – von nicht zu unterschätzender Bedeutung ist.

---

[3] Ich verdanke diese Information Ulrike Hintze, Deutsche Forschungsgemeinschaft, Bonn.

[4] Ich verdanke diese Information Werner Holbach, Bayerische Staatsbibliothek, München.

[5] Kalkuliert auf der Basis eines Durchschnittswerts, der gebildet wurde aus den Vergütungsstrukturen des BAT und des BAT-O sowie der Richtsätze der Vergütungsgruppen Vb/IVb von BAT bzw. BAT-O.

Weitere Koordinaten umfassen die für bibliographische Beschreibung und Erschließung üblichen:

Titelmenge, Bearbeitungspensen, Kosten, Projektdauer, Zahl teilnehmender Bibliotheken.

2.1 Titelmenge:

Die OPACs einiger deutscher Bibliotheken offenbaren folgende Bestände des 18. Jahrhunderts (Stand: 01.03.2004):

NSUB Göttingen	301.732	Titel
BSB München	225.900	Titel
SB Berlin	205.384	Titel [6]
ULB Halle	172.669	Titel
ThULB Jena	116.117	Titel
HAB Wolfenbüttel	114.285	Titel
AAB Weimar	92.264	Titel
UB Tübingen	73.200	Titel

Dabei ist jedoch zu beachten, daß derartige Nachweise schlicht aufgrund von Wildcard-Recherchen des Musters „17??" zustande kommen konnten. Sie führen folglich zum Nachweis derjenigen Titel, deren Publikationsjahr in einem Zeitraum zwischen 1700 und 1799 angegeben ist. Eine nähere Differenzierung aber – etwa nach Sprache oder auch nach Druckorten, die für die Planung eines VD 18 von essentieller Bedeutung wäre – ist nicht möglich. Eine rühmliche Ausnahme ist in diesem Zusammenhang die British Library, deren Bestand deutschsprachiger Bücher des 18. Jahrhunderts auf rund 80.000 zu veranschlagen ist, einem „informed guess" folgend.[7]

Werfen wir kurz einen Blick auf die Verteilung der Bestände des 18. Jahrhunderts, wenigstens in drei der oben genannten Bibliotheken (SB Berlin, BSB München, UB Tübingen). Das kann zwar die oben angedeuteten Defizite nicht beheben. Aber es läßt gewisse Rückschlüsse zu, welche für eine Verteilung der

---

[6] Bei der Staatsbibliothek zu Berlin / Preußischer Kulturbesitz werden mit dieser Zahl nur die im OPAC nachgewiesenen Bestände erfaßt. Der tatsächlich vorhandene Bestand ist höher.

[7] David Paisey, The British Library. In: Handbuch historischer Buchbestände in Europa, Bd. 10: Großbritannien/Irland. Hildesheim: Olms 2000, S. 66.

Druckschriften des 18. Jahrhunderts auf dessen einzelne Dekaden nützlich sind. Die folgende, stichprobenhafte Darstellung erfaßt die Bestände der genannten drei Bibliotheken nach Erscheinungsjahren, der Übersichtlichkeit halber in Fünf-Jahres-Intervallen abgefragt:

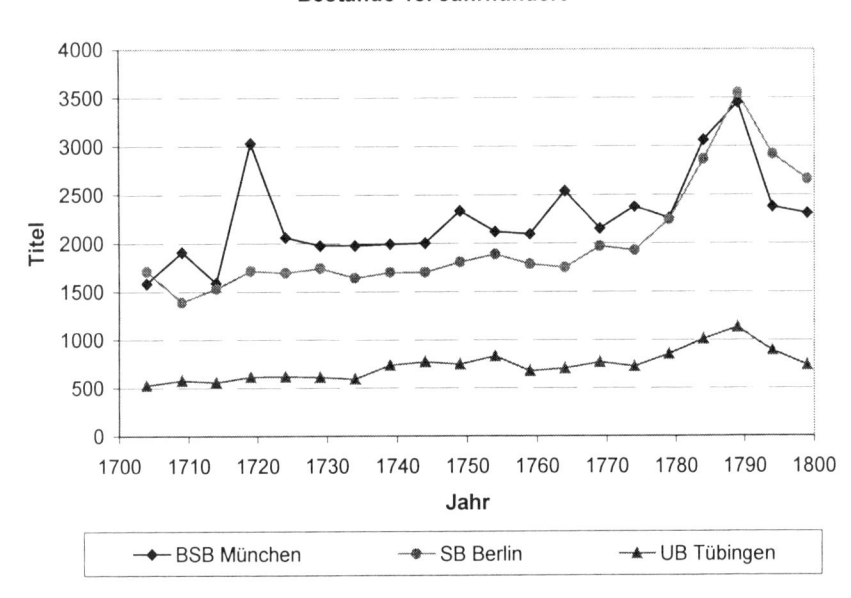

Bestände 18. Jahrhundert

Diese Graphik signalisiert, daß etwa die Hälfte der Bestände des 18. Jahrhunderts auf dessen letztes Drittel fällt. Die oben genannten Einschränkungen gelten auch hier. Gleichwohl mag die mit dieser Graphik signalisierte Verteilung von Beständen auf die Dekaden des 18. Jahrhunderts weitere Überlegungen eröffnen, etwa dergestalt, ein VD 18 insgesamt nicht sogleich in Angriff zu nehmen, sondern diese Aufgabe zu splitten auf zwei Teile des 18. Jahrhunderts.[8]

Bei der Auflistung der in den OPACs nachgewiesenen Titeln war zu beklagen, daß trotz des OPAC-Nachweises die Menge der VD 18-relevanten Titel nicht immer zuverlässig bestimmt werden kann. Mindestens so beklagenswert ist folgendes: Es kann zur Zeit nicht einmal Auskunft über die Schnittmengen der in den OPACs der oben genannten Bibliotheken nachgewiesenen Bestände des 18.

---

[8] „Gesplittete Jahrhunderte": So gesehen im English Short-Title Catalogue für die Jahre 1475-1640 (von Pollard/Redgrave) und für die Jahre 1641-1700 (von Wing).

Jahrhunderts gegeben werden. Weswegen eine ganz wichtige Planungsgrundlage auf unbestimmte Zeit entfällt.

Als ein Ergebnis des Rundgesprächs am 5.5.2004 ist festzuhalten, daß 600.000 Titel als VD 18-relevant erachtet werden. Die dort vorgetragene Kalkulation wird im vorliegenden Beitrag entsprechend modifiziert.

2.2 Bearbeitungspensen

Die Breite der bei früheren und laufenden DFG-Projekten geforderten Bearbeitungspensen reicht von 12 beim VD 17 bis 35 Titelaufnahmen beim mittlerweile abgeschlossenen ABE-Projekt. Der letztere Wert ist im Zusammenhang eines VD 18 völlig unrealistisch. Ging es doch beim ABE-Projekt darum, bereits vorhandene konventionelle Titelaufnahmen in Band- oder Zettelkatalogen maschinenlesbar zu erfassen.[9] Es wird im Ergebnis darum gehen, ob das im VD 17 geforderte Bearbeitungspensum von 12 Titelaufnahmen pro Person und Tag übertragbar sein kann auf ein VD 18 oder ob höhere Bearbeitungspensen realistischer Weise gefordert werden können. Zu prüfen wären 15 oder gar 18 Titelaufnahmen pro Person und Tag. Dies wiederum verweist auf das Problem der „bibliographischen Individualisierung", also der Frage, ob für ein VD 18 in gleicher Weise wie für das VD 17 die Notwendigkeit besteht, einzelne Exemplare einer Ausgabe bestimmen und separat beschreiben zu müssen. Für das VD 17 kann diese Notwendigkeit nicht bestritten werden; es fragt sich aber, ob sie aufgrund nachgerade industrialisierter Buchproduktion im 18. Jahrhundert in gleicher Weise für ein VD 18 bestünde. Der Projektverlauf des VD 17 offenbart auch, daß die Prüfung bereits vorhandener Titelaufnahmen für ein Ansigeln etwa die gleiche Zeit in Anspruch nimmt wie die Anfertigung einer neuen, eigenen Titelaufnahme.

---

[9] Auf andere Unterschiede zwischen ABE-Projekt und VD 17 bzw. VD 16 sei hier wenigstens hingewiesen: Zum einen war Autopsie der betreffenden Bücher im Prozeß der retrospektiven Katalogisierung nicht erwünscht; zum anderen, und das verweist auf das Mengenproblem, sollten bei der Erfassung von bibliographischen Daten zusammengebundener Einheiten (Konvolute) stets nur die Daten der ersten im jeweiligen Konvolut enthaltenen bibliographischen Einheit konvertiert werden.

Es ergeben sich folgende Bearbeitungspensen:

Titelaufnahmen proTag → Titelaufnahmen pro Jahr
    12 → 2.400
    15 → 3.000
    18 → 3.600

Bei angenommenen 600.000 Titeln ergeben sich folgender Gesamt-Personalbedarf:

Titelaufnahmen pro Jahr → Personenjahre
    2.400 → 250
    3.000 → 200
    3.600 → 166,7

Davon entfielen, bisheriger Förderstruktur der DFG folgend, auf die DFG zwei Drittel:

Titelaufnahmen pro Jahr → Personenjahre von DFG gefördert
    2.400 → 166,7
    3.000 → 133,3
    3.600 → 111,1

2.3 Kosten

Betrachten wir zunächst die Kosten für die Formalkatalogisierung.[10] Basis sind die Richtsätze der Vergütungsgruppen Vb sowie IVb BAT bzw. BAT-O:

Vergütungsgruppe	BAT	BAT-O	
Vb	44.335	40.055	EUR / Jahr
IVb	48.819	44.101	EUR / Jahr

Die Kosten der Formalkatalogisierung gestalten sich in Abhängigkeit von der Projektdauer, die für ein VD 18 mit Sicherheit auf zehn, wenn nicht fünfzehn Jahre zu veranschlagen ist.

---

[10] Verwiesen sei auf den Beitrag von Thomas Bürger in diesem Band, der sich auch mit den Möglichkeiten der Sacherschließung in einem VD 18 beschäftigt.

Kosten Personenjahr für Katalogisierung

Projektdauer	10 Jahre	15 Jahre

Annahmen:

• Personalkosten- Richtsätze 2003	6 Jahre Vb	6 Jahre Vb
• Durchschnitt BAT / BAT-O	+ 4 Jahre IVb	+ 9 Jahre IVb
• Aufwuchs	10 %	15 %
Kosten 1 Person		
über Projektdauer	**483.000 EUR**	**772.000 EUR**
pro Jahr	**48.300 EUR**	**51.500 EUR**

Das ermöglicht folgende Gesamtübersicht:[11]

Personalkosten Katalogisierung VD 18
(var. Bearbeitungsmengen, Pers.kosten und Projektlaufzeit)

Projektdauer in Jahren	**10**		
Personalkosten pro Jahr	48.291		
Menge in Titelaufnahmen	600.000		

Titelaufnahmen pro Jahr + Person	2.400	3.000	3.600
Personenjahre	250	200	166,7
Gesamtkosten	12.072.750	9.658.200	8.048.500
DFG- Anteil	8.088.743	6.470.994	5.392.495
Jahreskosten	1.207.275	965.820	804.850
DFG- Anteil	808.874	647.099	539.250
Stückkosten	20,12	16,10	13,41

---

[11] Dank gebührt Dr. Lutz Tretner für seine Unterstützung. Dr. Tretner ist in der Universitäts- und Landesbibliothek Sachsen-Anhalt in Halle (Saale) zuständig für Kosten-/Leistungsrechnung und Controlling.

Projektdauer in Jahren	15		
Personalkosten pro Jahr	51.467		
Menge in Titelaufnahmen	600.000		

Titelaufnahmen pro Jahr + Person	2.400	3.000	3.600
Personenjahre	250	200	166,7
Gesamtkosten	12.866.750	10.293.400	8.577.833
DFG- Anteil	8.620.723	6.896.578	5.747.148
Jahreskosten	857.783	686.227	571.856
DFG- Anteil	574.715	459.772	383.143
Stückkosten	21,44	17,16	14,30

Für einen zehnjährigen Projektzeitraum bewegen wir uns hinsichtlich der jährlich anfallenden Gesamtkosten (gerundet) zwischen 0,8 Mill. EUR (bei einem Bearbeitungspensum, das um 50% über dem VD 17 liegt) und 1,21 Mill. EUR (bei einem VD 17-typischen Bearbeitungspensum). Die DFG-Anteile – üblicherweise zwei Drittel - liegen bei dieser Projektlaufzeit zwischen 0,54 und 0,81 Mill. EUR. Für einen fünfzehnjährigen Projektzeitraum entstehen jährlich anfallende Gesamtkosten zwischen 0,57 und 0,86 Mill. EUR, wovon auf die DFG zwischen 0,38 und 0,57 Mill. EUR entfielen.

Das ermöglicht
- bei einer zehnjährigen Projektdauer die Finanzierung von insgesamt 27 Stellen der Vergütungsgruppen Vb/IVb, davon zwei Drittel durch Förderung der DFG (bei VD 17-typischem Bearbeitungspensum),
- bei einer fünfzehnjährigen Projektdauer und gleichem Bearbeitungspensum die Finanzierung von 19,5 Stellen, davon 13 durch Förderung der DFG.

Ein solcher Kalkulationsrahmen wird die eingangs zitierte Feststellung, wonach in neuen Projekten bibliographischer Erschließung in – bezogen auf ein Vorgängerprojekt – der Hälfte der Projektdauer die doppelte Menge an Titeln bearbeitet werden kann, nicht bestätigen. Bestenfalls kann in einer etwa dem VD 17 vergleichbaren Projektdauer (10-15 Jahre) bei vergleichbaren Kosten die erwartbar doppelte Titelanzahl bearbeitet werden.

Hinsichtlich der möglichen Ergänzung der bibliographischen Beschreibung durch optische Nachweise der katalogisierten Bücher ist festzuhalten, daß die methodischen Parallelen zwischen VD 17 und VD 18 an dieser Stelle enden. Zwar zeichnet sich das VD 17 gegenüber anderen, früher begonnenen Katalogisierungsprojekten dadurch aus, daß die Katalogisate durch Abbildungen von Schlüsselseiten ergänzt werden. Repräsentierte diese Option zu Beginn des Projekts vor reichlich zehn Jahren den Stand der Technik, läßt sich dies heute nicht mehr vertreten. Vielmehr bietet die Bereitstellung von Volltexten eine angemessenere Lösung, entweder OCR-aufbereitet oder als pdf-Dokument. Eine Vielzahl auch von VD 18-relevanten Titeln liegt bereits in digitalisierter Form vor, sowohl von kommerziellen wie nicht-kommerziellen Anbietern. Eine deutliche Verbesserung der Nachweis-Situation und der Nutzungsmöglichkeiten wird durch das beabsichtigte „Portal (deutscher) digitaler Drucke" erwartet.[12]

Das legt für mich folgende Konsequenzen nahe: Das Projekt VD 18 sollte, erneut dem VD 17 folgend, mit sechs bis acht Bibliotheken gestartet und sukzessiv erweitert werden. Die Förderung durch die DFG sollte ausschließlich für bibliographische Erschließung gewährt werden.

Auch die hier vorgelegte Kalkulation muß einstweilen eine Skizze bleiben. Sie bedarf der Untersetzung durch eine Präzisierung der für ein VD 18 in Betracht zu ziehenden Bestände. Folglich sind, analog zu den wiederholt genannten Vorläufer-Projekten, weitere Untersuchungen notwendig,[13] die Aufschluß ermöglichen über

- die Menge der Titel,
- die Schnittmengen relevanter Bibliotheksbestände,
- die Notwendigkeit bibliographischer Individualisierung.

---

[12] Verwiesen sei auf Beitrag von Gerd-J. Bötte in diesem Band.

[13] Erdmute Lapp, Nachweis des deutschen Schrifttums des 18. und 19. Jahrhunderts in Bibliotheken der Bundesrepublik Deutschland und West-Berlins. Berlin: Deutsches Bibliotheksinstitut, 1988 (dbi-Materialien; 72). – Erdmute Lapp, Katalogsituation der Altbestände (1501-1850) in Bibliotheken der Bundesrepublik Deutschland einschließlich Berlin (West): eine Studie im Auftrag der Deutschen Forschungsgemeinschaft. Berlin: Deutsches Bibliotheksinstitut, 1989 (dbi-Materialien; 82). – Otwin Vinzent, Katalogsituation der Altbestände (1501-1850) in Bibliotheken der neuen Bundesländer: eine Studie im Auftrag der Deutschen Forschungsgemeinschaft. Berlin: Deutsches Bibliotheksinstitut, 1992 (dbi-Materialien; 116). – Wolfgang Müller, Die Drucke des 17. Jahrhunderts im deutschen Sprachraum: Untersuchungen zu ihrer Verzeichnung in einem VD17. Im Auftrag der Deutschen Forschungsgemeinschaft. Wiesbaden : Harrassowitz, 1990 (Beiträge zum Buch- und Bibliothekswesen; 31).

Der fachlich zuständige Unterausschuß „Kulturelle Überlieferung" des Ausschusses für wissenschaftliche Bibliotheken und Informationssysteme (früher: Bibliotheksausschuß) der DFG wird sich mit den weiteren Schritten befassen.

3 Abschluß

Ein so dimensioniertes Projekt muß in den Budget-Rahmen eingepaßt werden können, der dem Referat LIS der DFG zur Verfügung steht. Dazu müssen an dieser Stelle Stichworte genügen. Das Budget umfaßt im Jahr 2004 ca. 28 Mill. EUR. Davon sind langfristig etwa 40% gebunden durch Aufwendungen für das Sondersammelgebietsprogramm der DFG. Zur Zeit entfallen etwa 0,9 Mill. EUR auf das VD 17. Ab 2005 werden 2 Mill. EUR auf die Förderinitiative „Leistungszentren für Forschungsinformation" aufgewendet werden. Bereits diese Stichworte signalisieren, daß mit Blick auf die für ein solches Projekt wesentlichen DFG-Budgets ein Projekt VD 18 wohl nur an die Stelle treten kann, die durch den Abschluß des Projekts VD 17 frei werden wird.

Historische Drucke in Virtuellen Fachbibliotheken? Nutzen und Möglichkeiten sachlicher Sucheinstiege in das VD17 und VD18

Thomas Bürger

Das „Verzeichnis der im deutschen Sprachbereich erschienenen Drucke des 17. Jahrhunderts (VD17)" ist mit der Erschließung von über 200.000 Drucken in acht Jahren sehr gut vorangekommen und entwickelt sich – ungeachtet seines unattraktiven Titels – zu einer der interessantesten Multimedia-Datenbanken in Deutschland. Deshalb hat die Deutsche Forschungsgemeinschaft (DFG) als Förderer dazu eingeladen, über ein Nachfolgeprojekt VD18 zu diskutieren und dessen Bedingungen und Möglichkeiten zu prüfen. Der vorliegende Beitrag plädiert dafür, das erfolgreiche VD17 und ein künftiges VD18 um fachliche Sucheinstiege zu erweitern, und dies ohne nennenswerten zusätzlichen Aufwand. Dazu muss die Bedeutung historischer, zumeist sprechender Signaturgruppen transparenter offengelegt und eine Suche über diese Signaturen unterstützt werden. Selektionen von Titeln nach Fächern oder Fachgruppen bzw. intelligente Vernetzungen mit den Virtuellen Fachbibliotheken sollen helfen, die Altbestandsdatenbanken schrittweise auch in virtuelle Fachinformationsangebote zu integrieren. Das Ziel ist eine deutliche Nutzungssteigerung durch eine aktivere Informationsvermittlung für alle historischen Wissenschaftsdisziplinen.

Vom handschriftlichen Zettelkatalog zur Multimediadatenbank – eine kurze Erinnerung

Wenn man am Anfang des 21. Jahrhunderts in der Bayerischen Staatsbibliothek München vor dem Original oder in der Herzog August Bibliothek Wolfenbüttel vor der Kopie der handgeschriebenen Karteikarten Josef Benzings (1904-1981) steht, kann man nur staunen. Auf 35.000 Katalogkärtchen hatte er die kostbaren deutschen Drucke des 16. Jahrhunderts aus zahlreichen Bibliotheken handschriftlich verzeichnet. Karte für Karte sind penibel die Titelblätter abgeschrieben und Recherchen zum Autor, zu Druckort, Drucker und Verleger notiert. Benzings Arbeit, obwohl nur wenige Jahrzehnte alt, wirkt angesichts der technischen Veränderungen wie ein Zeugnis ferner Zeit. Dabei ist sie ein Dokument der jüngeren Wissenschafts- und Buchgeschichte, aufbewahrenswert und als Werk eines Einzelnen besonders eindrucksvoll. Benzings Katalog ist eine bibliothekarische Meisterleistung, weil er jeden Druck als buchgeschichtliches Denkmal zu würdigen und in die Topographie der Kulturlandschaft und in die Chronologie der Reformationsepoche einzuordnen wusste.

An diese Lebensleistung konnte seit 1969 das „Verzeichnis der im deutschen Sprachbereich erschienenen Drucke des 16. Jahrhunderts (VD16)" anknüpfen, das sich der modernsten Schreibmaschinentechnik bediente, um schließlich im Wandel zur elektronischen Datenverarbeitung technisch selbst schnell zu veralten.

Das „Verzeichnis der im deutschen Sprachbereich erschienenen Drucke des 17. Jahrhunderts (VD17)" profitierte von den enormen technischen Fortschritten und konnte seit 1994 bzw. 1996 nicht nur auf den Erfahrungen der Vorgängerprojekte, sondern auch auf bereits gut funktionierende Verbunddatenbanken aufbauen. So wurde es – verglichen mit dem VD16 – möglich, in der Hälfte der Zeit ungefähr eine doppelte Menge an Druckschriften neu zu erschließen, und dies in nochmals verbesserter Qualität. Hinzu kamen die Möglichkeiten der Bilddigitalisierung und des freien Zugangs zur Datenbank von Anfang an. Das Warten auf einen Redaktionsschluss, auf die Fertigstellung druckfertiger Manuskripte sind Geschichte, seitdem Kataloge in Form von Datenbanken als work in progress verstanden werden und in jeder Phase ihrer Entstehung via Internet verfügbar sind.

An diese Vorgeschichte kurz zu erinnern ist notwendig und sinnvoll, nicht nur aus Respekt vor den noch laufenden Vorgänger- und Parallelprojekten[1] und der Notwendigkeit ihrer angemessenen Einordnung und Einbindung, sondern auch zur Klärung der Voraussetzungen eines Fortsetzungsprojektes VD18 unter veränderten wissenschaftspolitischen Bedingungen und angesichts stetig steigender Anforderungen und beschleunigter technischer Veränderungen.

Ein nationales oder ein europäisches VD18?

Eine Hauptmotivation zur Neuerschließung der gedruckten Überlieferung war bis in die 80er Jahre hinein die Sichtung und die Rekonstruktion der kulturellen Überlieferung nach den Kriegszerstörungen und -verlagerungen vor dem Hintergrund der Teilung Deutschlands und der Spaltung Europas. Nach der deutschen Wiedervereinigung und der Erweiterung der Europäischen Union sind völlig neue Konstellationen und Potentiale der Zusammenarbeit entstanden. Dabei soll nicht vergessen werden, dass auch die früheren Unternehmungen natio-

---

[1] Einen guten Überblick über die laufenden Projekte zur Kooperativen Altbestandserschließung (Inkunabelkataloge, VD16, VD17, Hand Press Book Database und CERL Thesaurus, EROMM, Provenienzerschließung, Datenbank historischer Bucheinbände) mit weiterführenden Literaturhinweisen bietet ZfBB 51(2004), Heft 4, S. 199-250.

nalbibliographischer Verzeichnung deutscher Drucke immer als Teile einer europäischen Bestandsaufnahme, als Rekonstruktionen der kulturellen Dimension des alten Europa verstanden wurden, und dies, nach den Lehren der Geschichte, ohne regressive, nationalistische Motive.

Projekte wie die Inkunabelkatalogisierung, die von der Deutschen Forschungsgemeinschaft geförderten Verzeichnisse der Drucke des 16. und 17. Jahrhunderts, das von Bernhard Fabian herausgegebene und von der Volkswagen-Stiftung geförderte „Handbuch der historischen Buchbestände" oder Klaus Garbers „Handbuch des personalen Gelegenheitsschrifttums" hatten von Anfang an eine europäische Dimension. Die vielen Länder, die mit Deutschland im direkten wissenschaftlichen und kulturellen Austausch stehen, erwarten deshalb zu Recht von dieser seit Jahrhunderten starken Buchnation, dass die erfolgreich begonnenen Erschließungsprojekte zur gedruckten Überlieferung ebenso kraftvoll wie innovativ fortgesetzt werden. Die bislang verfügbaren europäischen Datenbanken sind aus regionalen und nationalen Beiträgen entstanden und nur so gut wie das Engagement der jeweiligen Partner. Eine europäische Datenbank der Drucke des 16. bis 18. Jahrhunderts hat nur dann eine erfolgreiche Perspektive, wenn die Buchnation Deutschland ihren begonnenen erfolgreichen Weg mit europäischer Zielsetzung konsequent fortsetzt.

Einem VD18 kommt in einer nationalbibliographischen und auch in einer europäischen Datenbank eine Schlüsselrolle zu, ist doch das europäische 18. Jahrhundert politisch, wirtschaftlich, wissenschaftlich und kulturell die Epoche des Aufbruchs, in der die Weichen für die Moderne gestellt wurden und die „Publizität" eine neue Qualität des öffentlichen Lebens bestimmt hat. Die nach den Kriegen des 17. Jahrhunderts in vielen Bereichen rückständigen deutschen Länder haben im Zeitalter der Aufklärung zu neuem Selbstverständnis und zu neuen Leitbildern gefunden; die Blüte der Wissenschaften und der Literatur ist am Schrifttum des 18. Jahrhunderts abzulesen.

Vom VD17 zum VD18

Die Verzeichnisse der deutschen Drucke des 16. und 17. Jahrhunderts fortzusetzen kann nur heißen, die noch größer werdenden Buchmengen des 18. Jahrhunderts, später möglichst auch noch des 19. Jahrhunderts nach den aktuellen Anforderungen der Wissenschaftsdisziplinen in deutlich besserer Qualität als bislang zu erfassen und diese Herausforderung durch Nutzung der immensen Vorarbeiten in vergleichsweise kurzer Zeit zu bewerkstelligen. Dabei ist grundsätzlich zu berücksichtigen, dass die Bearbeitung von nationalen oder europäischen

Jahrhundertverzeichnissen gedruckter Informationen angesichts ständig neuer Erkenntnisse eine Daueraufgabe ist und eine Projektförderung schon dann als erfolgreich gelten darf und muss, wenn sie eine – ggf. erst mit dem Projektfortschritt zu präzisierende – Grundmenge an zu erwartenden Drucken verzeichnet hat.

Geht man von rund 30.000 Inkunabelausgaben und rund 120.000 deutschen Drucken des 16. Jahrhunderts aus, so wurden beim VD17 von vornherein mindestens 265.000 Drucke veranschlagt. Legt man eine Verdoppelung der Publikationenzahl im 18. Jahrhundert zugrunde, ist bei einem VD18 mit über 530.000 Drucken zu rechnen.

Trotz dieser für Projektorganisation und -finanzierung herausfordernd großen Anzahl sind die Voraussetzungen für eine Verzeichnung der Drucke des 18. Jahrhunderts besonders gut:

- aus zahlreichen Bibliotheken mit großem Altbestand liegen Daten aus der Katalogkonversion vor
- in weiteren Bibliotheken, insbesondere Universal- und Spezialbibliotheken und in der „Sammlung deutscher Drucke 1701-1800" in Göttingen entstehen seit vielen Jahren Titelaufnahmen in hoher Qualität, zum Teil schon mit Provenienzangaben
- es gibt viele wissenschaftliche Studien zum Buchdruck und zur Lesekultur des 18. Jahrhunderts im allgemeinen und zu Autoren, Druckorten und Offizinen im besonderen, deren Ergebnisse in einem VD18 erstmals zusammengeführt und besser als bisher nutzbar gemacht werden können
- es gibt zahlreiche Datenbanken außerhalb Deutschlands, die deutsche Drucke des 18. Jahrhunderts nachweisen, ein VD18 befördern können und zusammen mit dem VD18 die Grundlage für ein europäisches Verzeichnis der Drucke des 18. Jahrhunderts bilden
- schließlich ist die Vernetzung der Bibliotheken in Deutschland untereinander weit fortgeschritten und bietet beste technische und organisatorische Bedingungen.

Eine Zusammenführung aller bisherigen Daten deutscher Drucke des 18. Jahrhunderts ist eine gute Grundlage für ein VD18, kann dieses jedoch nicht ersetzen. Erst nach einer Autopsie der Drucke wird ein Niveau erreicht, das wissenschaftlichen und bibliographischen Ansprüchen genügt und wirklich neue Einblicke in die Welt des 18. Jahrhunderts ermöglicht.

Vom analogen Verzeichnis zur multifunktionalen Datenbank

Datenbanken historischer Drucke können an die Stelle einschlägiger konventioneller Bibliographien und Kataloge treten, wenn die Qualität der Dateneingabe kontinuierlich verbessert wird und Informationsverluste vermieden werden. Gleichzeitig sind die Retrievalfunktionen zu erweitern, damit sich der aufwändige Input durch angemessenen Output rentiert, Dateneingabe und Datenrecherche also in einem – inhaltlich und wirtschaftlich - sinnvollen Verhältnis stehen, was durchaus nicht immer der Fall war und in vielen Fällen auch heute noch nicht ist. Im Unterschied zu den Verbundkatalogen hat das VD17 von Anfang an umfassende Recherchen über alle Kategorien zugelassen. Die erfolgreiche Migration des VD17 zum Gemeinsamen Bibliotheksverbund (GBV) ist eine große Ermutigung und lässt hoffen, dass in nicht so ferner Zukunft nationalbibliographische Spezialdatenbanken und allgemeine Verbundkataloge harmonisiert, letztere also in der Qualität ihrer Daten angehoben werden können.

Mit den Projekten VD17 und VD18 ist also auch die Erwartung verbunden, dass sie als Pilotprojekte die Entwicklung der Verbundkataloge positiv beeinflussen, indem sich mittel- und langfristig die Nachweisfunktionen der Verbundkataloge mit den qualitativ hochwertigen bibliographischen Informationen verbinden und nach Möglichkeit sogar zu einer zentralen Datenbank - national und international - zusammenführen lassen.

Bei solch aufwändigen Unternehmen wie einem VD17 oder VD18 kommt es darauf an, bereits vorhandene Wissensressourcen pragmatisch auszuschöpfen. Dies gilt auch und gerade für die Sacherschließung, in die unsere Vorfahren viel Energie und Kosten investiert haben (in Dresden hatten 16 wissenschaftliche Mitarbeiter während 12 Jahren zwischen 1866 und 1878 den systematischen Standortkatalog der Landesbibliothek erarbeitet, der bis 1926 weitergeführt wurde).[2] Die bereits verfügbaren Elemente klassifikatorischer oder verbaler Sacherschließung für VD17- und VD18-Recherchen fruchtbar zu machen ist also eine lohnenswerte Aufgabe.

Mehrere Bibliotheken konnten inzwischen ihre historischen Real-, Sach- oder Fachkataloge verfilmen und scannen und so sachliche Recherchen über diese „Imagekataloge" oder „IPACS" erleichtern.[3] Weder für ein VD17 noch für ein

---

[2] Valentina Dimitriadu: Der historische Standortkatalog und der Fachkatalog der Sächsischen Landesbibliothek Dresden. Diplomarbeit Dresden, 1994, S. 20.

[3] Eine ausgezeichnete Übersicht über gescannte Kataloge, nach Ländern und Orten sortiert, bietet die Universitätsbibliothek der TU Wien: http://www.ub.tuwien.ac.at/cipacs/c-i.html.

VD18 war es möglich und wird es möglich sein, neben der Formalerschließung und der Eingabe unverzichtbarer Suchhilfen auch eine grundlegend neue klassifikatorische oder verbale Sacherschließung zu leisten. Deshalb hat man sich beim VD17 nach einigem Ringen auf pragmatische Lösungen geeinigt, die für die Recherchen zahlreiche handfeste Vorteile erbracht haben.

So konnten durch die Kennzeichnung mit Gattungsbegriffen, die relativ leicht und schnell zu vergeben sind, ebenso einfache wie aussagekräftige Selektions- und Suchmöglichkeiten eingerichtet werden. Unter den bislang rund 200.000 erfassten Titeln des VD17 befinden sich 45.000 Dissertationen und 45.000 Gelegenheitsschriften sowie 16.000 Leichenpredigten. Also mehr als die Hälfte der bislang verzeichneten Schriften zählen zu diesen Hauptgattungen des Barockzeitalters, die sich Dank ihrer verbalen Kennzeichnung nun einfach recherchieren lassen. Aufgrund der großen Trefferzahl wurden von vornherein weitere Differenzierungen vorgesehen. So können zum Gattungsbegriff „Dissertation" die Fakultätsangaben hinzugefügt werden, also: Dissertation: theol., phil., jur. oder med. Mit Hilfe des VD17 ist es also ein leichtes, die Dissertationen der deutschen Universitäten nach Orten und Fakultäten zu sichten.

Mit dem Gattungsbegriff „Gelegenheitsschrift" werden in der Regel zusätzlich die jeweiligen Anlässe durch die Vergabe weiterer 21 Begriffe bestimmt (z.B. Geburt, Krönung, Promotion, Tod). Das Schrifttum zu politischen Schlüsselereignissen des 17. Jahrhunderts, etwa zum Tod Gustav Adolfs von Schweden oder zur Ermordung Wallensteins, ist also leicht zu finden; ferner können die vielen Druckschriften, die auf bedeutende gesellschaftliche Ereignisse reagieren, auch selektiert nach den Medientypen (Einblattdruck, Flugschrift etc.) gesucht werden.

Diese nützlichen Einstiegs- und Suchhilfen sollten auch einem VD18 zugute kommen. Kosten und Nutzen dürften in einem sehr günstigen Verhältnis stehen. Für ein VD18 ist zu prüfen, ob sich die pragmatische Vergabe von 34 Termini zur Fächerkennzeichnung (von Akustik und Alchemie bis Tiermedizin und Zoologie) im VD17 bewährt hat.

Dem VD17 steht ein Thesaurus von 104 Gattungsbegriffen zur Verfügung, von A wie Amtsdruckschrift und Arzneibuch bis Z wie Zeitung und Zitatensammlung. Dabei wurde auch die umfangreiche Ordensliteratur eigens gekennzeichnet und nach den Ordensnamen differenziert (von Augustiner bis Zisterzienser). Insgesamt wurden für das VD17 über 180 Fachgruppenbezeichnungen und Gattungsbegriffe ausgewählt, die eine Vielzahl intelligenter und nützlicher Suchkombinationen ermöglichen.[4]

Dieses Instrumentarium sachlicher Sucheinstiege muss für ein VD18 gesichtet und ergänzt, die Praxis der Vergabe überprüft und ein ggf. modifizierter Thesaurus vereinbart werden – soweit dies angesichts der Erfahrungen und Fortschritte innerhalb der „Sammlung deutscher Drucke 1701-1800" in Göttingen überhaupt noch erforderlich ist.

Systematische Sucheinstiege

An dieser Stelle soll jedoch nicht nur dafür plädiert werden, bisherige bewährte Verfahren fortzusetzen, sondern weitere Verbesserungsmöglichkeiten zu prüfen. So sollten die sprechenden Signaturen historischer Aufstellungsordnungen transparenter und komfortabler recherchierbar gemacht werden.

Generationen von Gelehrten und Bibliothekaren haben die Bücher zwischen dem 17. und 19./20. Jahrhundert in systematischen Aufstellungen geordnet, bevor in den großen Bibliotheken die sachliche Ordnung aus Platz- und Zeitgründen Anfang des 20. Jahrhunderts der Zufalls(un)ordnung des Numerus currens weichen musste. Den frühneuzeitlichen Aufstellungsordnungen in Kloster-, Fürsten- und Gelehrtenbibliotheken folgten die systematischen Ordnungen des 18. und 19. Jahrhunderts, von denen die bis heute eindrucksvollen Realkataloge etwa in Berlin und Göttingen oder die Fachsystematik eines Otto Hartwig in Halle eindrucksvoll Zeugnis ablegen.

Die VD17-Partner-Bibliotheken bieten inzwischen über ihre Webseiten auf unterschiedliche Weise sachliche Sucheinstiege in die jeweiligen historischen Druckbestände an.[5] In Dresden, Göttingen und Halle wurden die sehr umfang-

---

[4] Die Übersicht über alle Fachgruppenbezeichnungen und Gattungsbegriffe unter: www.vd17.de/gattungsbegriffe.html.

[5] Dresden: http://image.slub-dresden.de/de/Inc_txt/stok/index.html
(systematische Übersicht über normierte Altbestandssignaturen und Suche im Imagekatalog)
Göttingen: http://goopc4.sub.uni-goettingen.de:8080/BANDRKSYST
(direkte Literatursuche über Systemstellen oder Signaturgruppen)
Gotha: http://www.flb-gotha.de/systematik/systematik.html
(Recherche in der Systematik)
Halle: http://ikat.bibliothek.uni-halle.de/de/Index.htm
(Systematischer Katalog als Image-Katalog)

reichen systematischen Kataloge als Imagekataloge ins Netz gestellt und bieten so einen guten Überblick über die Bestände nach Sachgebieten.

Vor dem Hintergrund dieser zahlreicher Vorarbeiten ist es naheliegend, dass die historischen Aufstellungssystematiken auch für das VD17 und VD18 nutzbar sein sollten. Ein erster und in jedem Falle nützlicher Schritt wäre die Verlinkung des VD17 mit den Übersichten über die Aufstellungssysteme der beteiligten Bibliotheken. So wird dem Wissenschaftler geholfen, über die im VD17 verfügbaren sachlichen Suchbegriffe hinaus historische Bestandsnester in einzelnen Bibliotheken zu finden.

Eine Recherche in systematischen Katalogen führt in der Regel über die modernen Fachbezeichnungen zu den historischen Fachgruppen, die je nach Bestandsgröße vielfach unterteilt und mit entsprechenden Aufstellungssignaturen gekennzeichnet sind. Der digitalisierte historische Standortkatalog der SLUB Dresden ermöglicht beispielsweise Sucheinstiege über 26 Fächer (von „Allgemeines" und „Altertumswissenschaft" bis zu „Technik", Theologie" und „Verschiedenes"). Diese Fächer sind in rund 290 sprechende Signaturengruppen unterteilt: von Acta academica (Act.acad.) bis Zoologica (Zool.), die nochmals durch Buchstaben und Zahlenkontingente fein gegliedert wurden.

Die Suche nach historischen Drucken zur Rechtswissenschaft führt in der SLUB Dresden zu diesen Aufstellungsgruppen:

Aufstellungsgruppen	Signaturen
Consilia et responsa	Cons.et.resp.
Dissertationes juris civilis	Diss.jur.civ.
Dissertationes juris criminalis	Diss.jur.crim.
Encyclopaedia juridica	Encycl.jur.
Historia Britannica E	Hist.Brit.E.
Historia jurisprudentiae	Hist.jud.
Historia Saxoniae I	Hist.Sax.I.

München: http://www.bsb-muenchen.de/opac/qk.htm
(Möglichkeit der Recherche über Signaturgruppen)
Weimar: http://weias.ub.uni-weimar.de:8080/CHARSET=ISO-8859-1/DB=2/LNG=DU/SID=e99e1a4b-0/BCL
(Altbestand über Basisklassifikation erschlossen und im OPAC recherchierbar)
Wolfenbüttel: http://sunny.biblio.etc.tu-bs.de:8080/CHARSET=ISO-8859-1/DB=2/LNG=DU/SID=0b62bd43-1e2/BCL
(ein Teil des Altbestands über Basisklassifikation erschlossen und im OPAC recherchierbar)

Historia Saxoniae K	Hist.Sax.K.
Historia Saxoniae inferioris	Hist.Sax.inf.
Jus agrarium	Jus.agrar.
Jus Americanum	Jus.Amer.
Jus canonicum	Jus.canon.
Jus commerciale	Jus.com.
Jus criminale	Jus.crim.
Jus feudale	Jus.feud.
Jus militare	Jus.milit.
Jus naturae	Jus.nat.
Jus privatum Galliae	Jus.priv.Gall.
Jus privatum Germaniae A	Jus.priv.Germ.A.
Jus privatum Germaniae B	Jus.priv.Germ.B
Jus publicum Galliae	Jus.publ.Gall.
Jus publicum Germaniae A	Jus.publ.Germ.A.
Jus publicum Germaniae B	Jus.publ.Germ.B.
Jus publicum Germaniae C	Jus.publ.Germ.C.
Jus publicum Germaniae D	Jus.publ.Germ.D.
Jus publicum Germaniae E	Jus.publ.Germ.E.
Jus publicum Germaniae F	Jus.publ.Germ.F.
Jus publicum universale	Jus.publ.univ.
Jus Romanum A	Jus.Rom.A.
Jus Romanum B	Jus.Rom.B.
Medicina forensis	Med.for.
Opera juridica	Op.jurid.
Processualia	Process.
Tractatus juris civilis	Tract.jur.civ.

Aus diesen 34 Fachgruppen sind für das VD17 bislang 22 bearbeitet, so dass unter 22 der genannten Signaturen 8300 Druckschriften recherchierbar sind. Unter der Signatur „Diss.jur.civ." sind Schriften über einzelne Gegenstände des allgemeinen bürgerlichen Rechts aufgestellt, die innerhalb dieser Gruppe nach Rechtsfällen alphabetisch geordnet sind. Mehr als 5000 Drucke können unter dieser Signatur gefunden werden.

Die genannten Beispiele sollen pars pro toto verdeutlichen, dass Recherchen über sprechende Signaturen in einem VD17 und in einem VD18 zu Treffern führen können, die anders derzeit nicht erzielbar sind. Daraus erwächst der zweite Wunsch nach einer Konkordanz der historischen Signaturgruppen möglichst aller am VD17 beteiligten Bibliotheken. Diese ist angesichts der sehr verschiedenen Entstehungsgeschichten, Bestandsprofile und Signaturenmodi der Bibliotheken nicht leicht und schon gar nicht komplikationslos zu erstellen. Dennoch kann eine solche Übersicht dem Nutzer der Datenbank helfen, selbst angemessene Suchstrategien zu entwickeln.

Fazit

Eine Ergänzung des VD17 um Übersichten der verschiedenen Bibliothekssystematiken mit praktischen Suchhilfen über die historischen Signaturen soll den Nutzern der Datenbank, insbesondere den Experten, zusätzliche Recherchemöglichkeiten bieten. Eine pragmatische Konkordanz der historischen Aufstellungssignaturen kann – ggf. mit entsprechender Suchmaschinentechnologie – eine Orientierung erleichtern.

Die Verbesserungen sollten für das VD17 bald realisiert und die Ergebnisse für ein VD18 geprüft werden. So könnte es gelingen, die Arbeiten früherer Generationen unter völlig veränderten technischen Bedingungen neu zu nutzen und eine begehbare, wenn auch sicher nicht perfekte Brücke zwischen den Altbestandserschließungsprojekten und den modernen Virtuellen Fachbibliotheken zu schlagen.

VD18: Vom bibliographischen Nachweis zum digitalen Dokument[1]
Gerd-J. Bötte

Dem VD17[2] gebührt das Verdienst, als erstes nationalbibliographisches Gemeinschaftsprojekt in Deutschland die Verzahnung von Text- und Bildinformationen bewältigt zu haben. Zur Absicherung der bibliographischen Befunde werden so genannte Schlüsselseiten[3] digitalisiert und die entsprechenden Bilddateien mit dem bibliographischen Nachweis, der Titelaufnahme also, verknüpft. Mit Blick auf die begrenzte Funktion, die ihnen zugedacht war, haben sich die Schlüsselseiten durchaus bewährt. Allerdings: Was damals, Anfang der 1990er Jahre ein Novum war, ist heute von den technischen Möglichkeiten der Online-Kataloge und der digitalen Bildverarbeitung geradezu überrollt worden. Angesichts wachsender digitaler Bibliotheken, verteilter digitaler Forschungsbibliotheken zumal, erscheint die Beschränkung auf ein Schlüsselseiten-Konzept für ein VD18 nicht mehr zeitgemäß und auch nicht mehr hinreichend.

Heute, im digitalen Zeitalter, erwarten wir – und vor allem eine wachsende Anzahl unserer wissenschaftlichen Nutzer – die Möglichkeit, vom Katalognachweis direkt auf das digitale Dokument zugreifen und idealerweise jenseits der bibliographischen Ebene in den Tiefenstrukturen des digitalen Textkorpus recherchieren zu können:

---

[1] Für die vorliegende Druckfassung wurden – soweit nötig - einige Angaben aktualisiert; der Vortragscharakter wurde im Wesentlichen beibehalten.

[2] *Verzeichnis der im deutschen Sprachraum erschienenen Drucke des 17. Jahrhunderts.* - http://www.vd17.de

[3] Zu den definierten Schlüsselseiten zählten u. a.: alle Titelblätter, inkl. Kupfertitel sowie Vor- und Zwischentitel; Seiten mit Namen von Widmungs- bzw. Trostempfängern; die erste Seite des buchtechnischen Hauptteils, die eine Bogensignatur trägt; Kolophon und Seiten mit Druckermarken und Verlagssignets; sowie weitere Seiten mit wichtigen bibliographischen und buchtechnischen Informationen nach Ermessen des Katalogisierers.

- In einer Katalog-Datenbank[4] ist eine elektronische Ausgabe von Filippo Mazzeis *Geschichte und Staatsverfassung der vereinigten Staaten von Nordamerika* nachgewiesen – im Original 1789 in 2 Bänden erschienen bei Weygand in Leipzig:

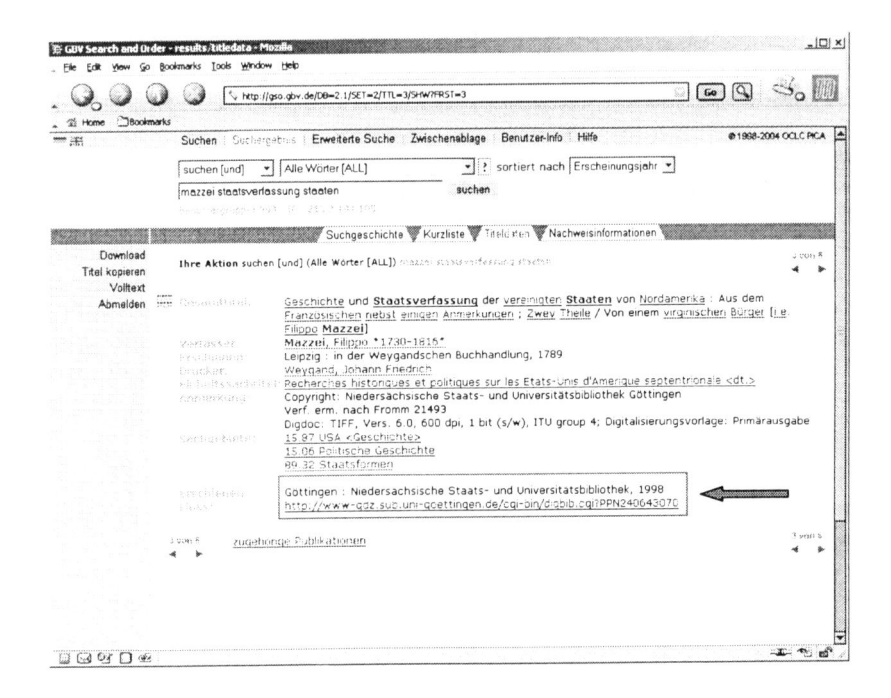

---

[4] Hier der Verbundkatalog des Gemeinsamen Bibliotheksverbundes (GBV), http://www.gbv.de

- Nach Anklicken des hinterlegten Links wird der Benutzer zu einem Dokumentenserver durchgeschaltet – in diesem Fall der des Göttinger Digitalisierungszentrums (GDZ)[5].

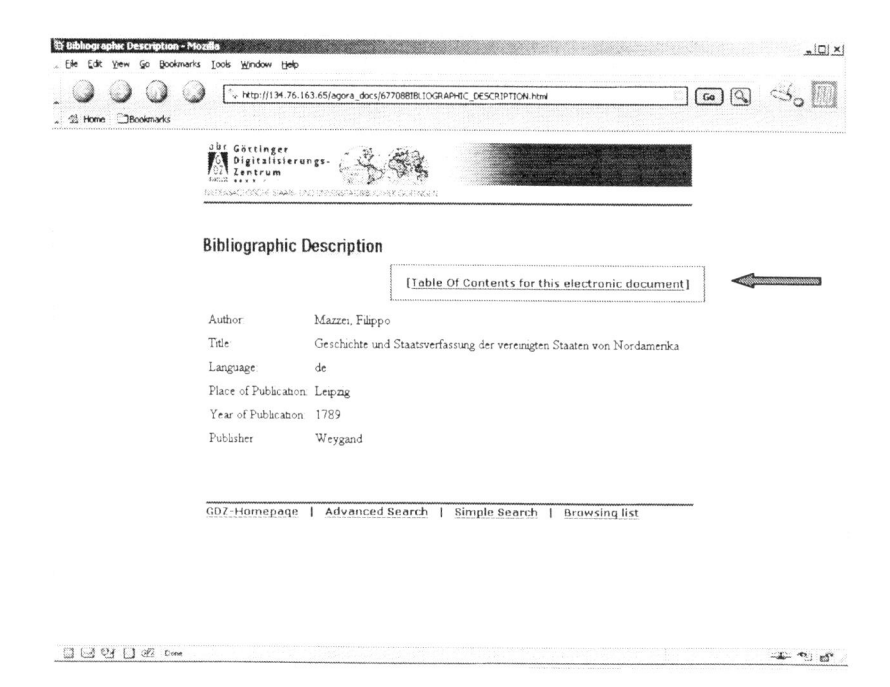

---

[5] http://gdz.sub.uni-goettingen.de

- Nach Auswahl der Option „Table of Contents" wird er zum Inhaltsverzeichnis geleitet,

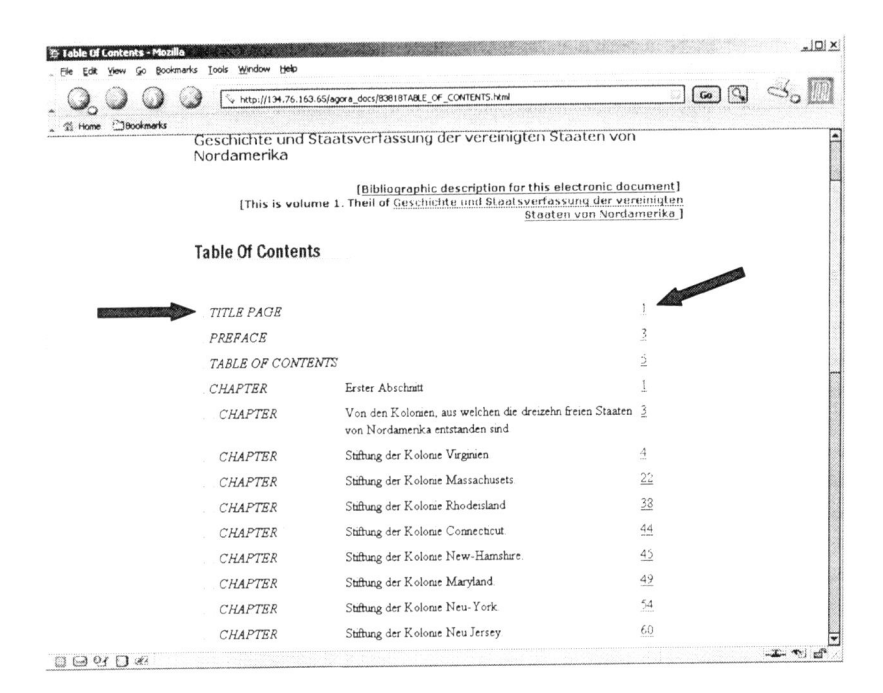

- und kann dort im elektronischen Dokument navigieren und die gewünschten Seiten aufrufen - beispielsweise das Titelblatt:

- oder den Beginn des Textes:

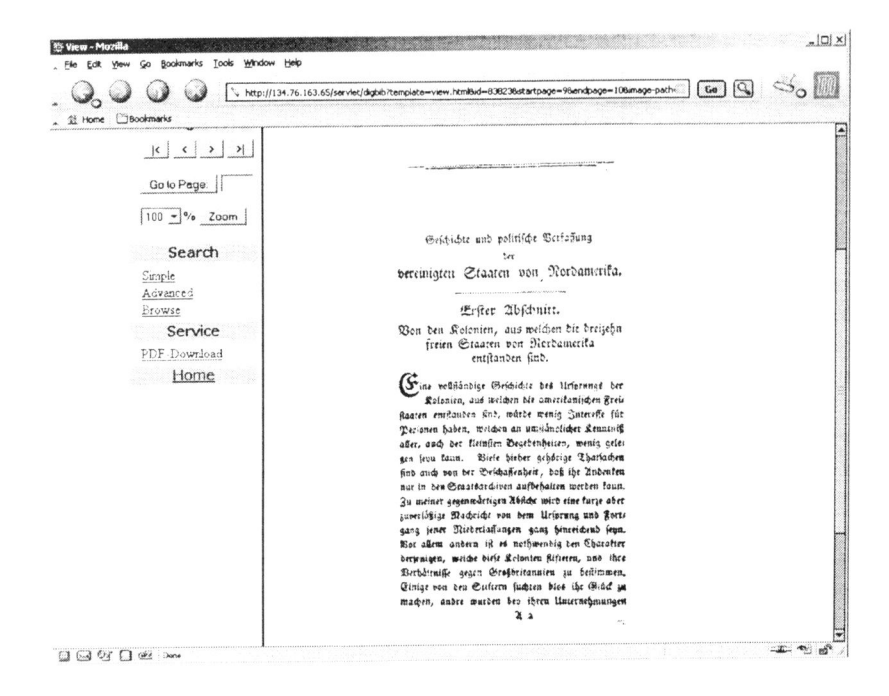

Der digitale Volltext steht in diesem Fall - wie so oft - leider nicht zur Verfügung, aber immerhin werden dem Benutzer in Form eines kompletten digitalen Faksimiles wesentliche Informationen direkt an seinen Arbeitsplatz gebracht.

Bei der Konzeption eines umfassenden nationalbibliographischen Nachweisinstruments für das deutsche Schrifttum des 18. Jahrhunderts sollten den Erfordernissen und Möglichkeiten einer möglichst breiten Digitalisierung im Interesse der wissenschaftlichen Benutzer Rechnung getragen werden.[6]

Bei einer Gesamtzahl von – zurückhaltend geschätzt – 500.000 bis 600.000 Drucken kaum mehr als eine Illusion? Muss man nicht angesichts solcher Men-

---

[6] Die Utopie einer Projekt begleitenden, umfassenden Digitalisierung der VD18-Drucke sollte wenigstens in einer Fußnote Erwähnung finden dürfen. Wenn in überschaubarer Perspektive in einem künftigen nationalbibliographischen VD18 für jedes nachgewiesene Werk auch ein digitales Faksimile und der digitale Volltext für die Tiefenrecherche zur Verfügung stünde – das wäre dann doch wohl das Arkadien der Dix-huitièmistes!

gen von vornherein resignieren und bedrückt konstatieren, dies sei nicht zu schaffen und schon gar nicht zu finanzieren? Ich denke, es lohnt sich *gerade wegen* des scheinbar erdrückenden Mengengerüsts nach abgestuften Lösungsansätzen zu suchen.

Versuchen wir eine pragmatische Annäherung an das Thema, eingeleitet mit einer erkennbar rhetorischen Frage: *Können wir es uns eigentlich leisten, auf die Einbindung digitaler Dokumente in ein nationalbibliographisches Verzeichnis der deutschen Drucke des 18. Jahrhunderts zu verzichten?* Nein, natürlich nicht – zumindest dann nicht, wenn wir den Anspruch erheben, zukunftsorientierte bibliothekarische Grundlagenarbeit für die Forschung zu leisten.

Wie könnte oder müsste eine solches Digitalisierungsprogramm aussehen?

Wie könnte man es schaffen, mit vertretbarem Aufwand für möglichst viele VD18-Nachweise digitale Dokumente zu erzeugen und anzubieten?

Welche grundsätzlichen Optionen gibt es?

Wie machen es andere? Kann man von deren Erfahrungen profitieren?

Diese Fragen bedürfen ohne Zweifel einer ausführlicheren und gründlicheren Erörterung als dies an dieser Stelle möglich wäre. Zu den zentralen Anforderungen zählen aus meiner Sicht in jedem Fall die folgenden:

➤ Alle digitalisierten Werke müssen grundsätzlich **vollständig** digitalisiert werden - eine Beschränkung auf einzelne Ausschnitte, Abschnitte, Kapitel etc. reicht nicht hin.

➤ Als **Minimalanforderung** ist die Verfügbarkeit eines **Bild-basierten digitalen Faksimiles** anzusehen. **Farb**digitalisierung wäre dabei in jedem Fall wünschenswert; sollten brauchbare bitonale oder Graustufen-Scans zur Verfügung stehen oder von bereits vorhandenen Mikrofilmen ohne größere Probleme gewonnen werden können, wäre aus Kostengründen auch dies akzeptabel.[7]

➤ Rein lineare Bildsequenzen reichen natürlich für die Navigation und das Retrieval nicht aus: Unabdingbar ist die Erzeugung **struktureller Metadaten**,

---

[7] Wollte man der Provenienzforschung bei dieser Gelegenheit etwas Gutes tun, dann sollten gegebenenfalls auch Einbände, Vorsatzblätter etc. gescannt werden.

die die Navigation im elektronischen Dokument erst ermöglichen. Schon jetzt ist absehbar, dass man das Mengenproblem nur durch die möglichst *weitgehende Automatisierung der Strukturdatenerzeugung* in den Griff bekommen kann. Entsprechende Software, die Dokumentstrukturen nach definierbaren Regeln analysiert und die automatisch generierten Metadaten in XML-Strukturen ablegt, existiert bereits und wird in verschiedenen Anwendungsbereichen weiter entwickelt.[8]

> Die Erzeugung digitaler **Volltexte** mittels **OCR**-Software oder per manueller **Dateneingabe** wäre für die größtmögliche Anzahl von VD18-Nachweisen höchst wünschenswert, weil gerade in diesem Bereich durch erweiterte Suchoptionen und Retrievalmöglichkeiten gegenüber dem bloßen bibliographischen Nachweis auf Titelebene der größte Mehrwert für den wissenschaftlichen Benutzer entsteht.

Die beiden genannten Verfahren (OCR bzw. Abschreiben) deuten die Bandbreite des Aufwands und der erzielbaren Qualitäten an:

- Der *voll*automatische „Quick-and-dirty"-Ansatz mittels OCR-Software liefert unkorrigierte, partiell korrupte und deshalb am Bildschirm kaum präsentable Volltexte, die lediglich als Retrieval-Hilfe im Hintergrund laufen; die Tücken der Frakturschrifterkennung werden sich erwartungsgemäß auch bei sehr leistungsstarker OCR-Software negativ auf die Qualität auswirken. Dafür ist dieses Verfahren aber natürlich mit Abstand das kostengünstigste.[9]

---

[8] Zu nennen ist in diesem Zusammenhang beispielsweise das Konvertierungssystem *docWORKS* der Hamburger Compact Computer Systeme GmbH, das im bibliothekarischen Bereich u.a. für das Projekt *DigiZeitschriften* eingesetzt werden soll. Das Softwarepaket umfasst mit der neuesten Version des ABBYY FineReader auch ein leistungsfähiges OCR-Programm, so dass *docWORKS* zusätzlich zu den Strukturmetadaten idealerweise auch den Volltext des Dokuments liefert. Eine derzeit durchgeführte Evaluierung der Software im Göttinger Digitalisierungszentrum wird zeigen, wie belastbar, anpassbar und „lernfähig" das System gerade in Bezug auf das Handling älterer Texte mit komplexen Dokumentstrukturen ist. Die bisher durchgeführten Tests zeigen einerseits Anpassungsbedarf im Detail, geben aber grundsätzlich Anlaß zu berechtigter Hoffnung. Für eine Demonstration am 4.8.2004 und weitere Informationen danke ich Frau Dr. Andrea Rapp (SUB Göttingen / GDZ) sehr herzlich.

[9] Der "Quick-and-dirty"-Ansatz ist im Grunde ein fauler Kompromiss, weil er die Nutzer zu falschen Annahmen verleitet und bei anspruchsvollen philologischen Forschungsansätzen, die auf die Exaktheit und Akkuratheit der elektronischen Wiedergabe der Quellenmaterialien angewiesen sind, zu verzerrten oder gar zu falschen Ergebnissen führen kann.

- Am anderen Ende der Skala stehen saubere und verlässliche, durch Abschreiben erzeugte **elektronische Volltexte mit TEI**[10]**-konformer XML-Kodierung**, die auch differenzierten Ansprüchen geisteswissenschaftlicher Forschung genügen[11].

Die im Rahmen der VD18-Diskussion aufgeworfene Frage nach dem Durchgriff vom bibliographischen Katalognachweis auf das digitale Dokument stellt sich im Grunde für jedwede Form einer elektronischen retrospektiven Nationalbibliographie. Von daher kann ein Blick über den deutschen Gartenzaun sicher nicht schaden.

Besonderes Interesse verdienen in diesem Zusammenhang die Entwicklungen im anglo-amerikanischen Raum, wo sich an mehreren Beispielen die Verzahnung von nationalbibliographischer Katalogdatenbank, groß angelegter Mikroverfilmung und digitalem Textarchiv beobachten lässt.

Der anglo-amerikanische Weg führt von der nationalbibliographischen Verzeichnung über frühzeitige und umfangreiche Mikroverfilmungsaktivitäten hin zur Schaffung umfangreicher digitaler Textkorpora, die auf diesen Vorarbeiten aufsetzen. Interessant erscheinen in diesem Zusammenhang auch die Möglichkeiten der Zusammenarbeit mit kommerziellen Informationsanbietern einerseits und die der bibliothekarischen Kooperation andererseits. Interessante Beispiele dafür sind die Projekte *Early English Books Online (EEBO)* und *Eighteenth Century Collections Online (ECCO)*.

EEBO[12] – ein Produkt der Firma ProQuest[13] - basiert auf den Nachweisen des *Short-Title Catalogue* von Pollard und Redgrave[14] für den Zeitraum 1475-1640

---

[10] Vgl. TEI Text Encoding in Libraries. Guidelines for Best Encoding Practices. – http://www.indiana.edu/~letrs/tei/

[11] Exemplarisch sei verwiesen auf das Grimm'sche *Deutsche Wörterbuch*. Zur Projektorganisation und -durchführung jüngst: Burch, Thomas; Gärtner, Kurt; Hildenbrandt, Vera: "Das digitale *Deutsche Wörterbuch* der Brüder Grimm. Vom Buchformat zur elektronischen Publikation" In: *Bibliothek und Wissenschaft* 36 (2003), S. 163–177.

[12] http://eebo.chadwyck.com/

[13] http://www.il.proquest.com

[14] Pollard, A.W.; Redgrave, G.R.: *A Short-Title Catalogue of Books Printed in England, Scotland & Ireland and of English Books Printed Abroad : 1475-1640*. – 2nd ed., rev. & enl. / begun by W.A. Jackson, F.S. Ferguson. Completed by Katharine Pantzer. – London: Bibliographical Society, 1976-1991

und dem Folge-STC von Wing[15] für den Zeitraum 1641-1700. Darüber hinaus sind die *Thomason Tracts* (1641-1661) enthalten sowie ein *Early English Tract Supplement*, das Bestandteile diverser Konvolute erschließt. Insgesamt soll die Sammlung schließlich 125.000 Titel umfassen. Die Digitalisierung baut auf den Langzeitverfilmungsaktivitäten auf, die seit 1938 (Pollard & Redgrave) bzw. seit 1957 (Wing) im Gange sind und in den nächsten 5-10 Jahren endgültig abgeschlossen werden sollen. Es wird angestrebt, *alle* 125.000 nachgewiesenen Werke mit vollständigen digitalen Faksimiles zu verknüpfen!

Ähnlich verfährt **ECCO**[16] aus dem Hause Gale-Thomson[17] – ein System, das auf dem *English Short Title Catalogue* aufsetzt und die einschlägigen Bestände des 18. Jahrhunderts der British Library sowie von rund 1.500 weiteren Bibliotheken weltweit umfasst. Auch hier liegt der Digitalisierung eine umfangreiche Mikrofilm-Sammlung zugrunde, nämlich *The Eighteenth Century* von Primary Source Microfilm. ECCO umfasst zur Zeit rund 150.000 Titel und bietet Zugriff auf rund 33 Millionen faksimilierter Seiten, die offenbar durchgehend zur Verbesserung der Recherche mit OCR-Software behandelt wurden.

Beiden Projekten gemeinsam ist das Bemühen, über die digitalen Faksimiles hinaus in substantieller Größenordnung **hochwertige digitale Volltexte** zu erzeugen. EEBO will bis 2006 15.000 Volltextdigitalisate erstellen, in der Endstufe sollen es 25.000 Texte, mithin ein Fünftel der Gesamtmenge sein. ECCO legt die Meßlatte etwas tiefer und strebt zunächst 10.000 ausgewählte Titel in elektronischer Volltextversion an.

Der Weg, den beide eingeschlagen haben, führt über die sog. **Text Creation Partnership**[18], die maßgeblich von der **University of Michigan** mit einer beträchtlichen Anzahl von Partnerbibliotheken und in Kooperation mit kommerziellen Informationsanbietern wie ProQuest oder Gale organisiert wird. Im Falle von EEBO arbeiten derzeit rund 70 Bibliotheken weltweit zusammen, bei ECCO sind es ca. 30. Ziel ist es, einen ausgewählten Textkorpus[19] in hoher Qualität

---

[15] Wing, Donald (Comp.): *Short-Title Catalogue of Books Printed in England, Scotland, Ireland, Wales, and British America and of Books Printed in Other Countries : 1641-1700.* – New York: Modern Language Association of America, 1972-1998

[16] http://www.galegroup.com/EighteenthCentury/

[17] http://www.galegroup.com

[18] http://www.lib.umich.edu/tcp/

[19] Bezüglich der Kriterien für die Textauswahl und zur Einrichtung einer Text Selection Task Force für das EEBO-Projekt vgl. http://www.lib.umich.edu/tcp/eebo/proj_stat/ps_text.html

(TEI Level 3)[20] XML-strukturiert in arbeitsteiliger Weise zur Verfügung zu stellen. Die Originaltexte werden in der Regel von kommerziellen Dienstleistern durch Abschreiben konvertiert, wobei ein Mindeststandard von 99,995%iger Korrektheit garantiert werden muss – d.h. maximal 1 Fehler auf 20.000 Zeichen.

Sowohl für EEBO als auch für ECCO gibt es eigene Text Creation Partnerships, die sich als „cooperative academic initiative(s)" verstehen.[21] Mitglied kann jede Institution werden, die Zugriff auf eine der beiden Datenbanken hat, was in der Regel die Subskription voraussetzt. Die Partner zahlen einen nach Größe der Institution gestaffelten Mitglieds- oder Einstandsbeitrag (von 12.500$ bis 50.000$ für ARL-Bibliotheken, zahlbar jeweils über 5 Jahre hinweg) und werden damit Miteigentümer des digitalen Volltextarchivs. Sie erhalten eine Kopie der Datenbank zur lokalen Nutzung und erwerben damit das Recht, die Daten nach eigenem Ermessen zugänglich zu machen.

Ohne weiter ins Detail gehen zu können, lässt sich doch vermuten, dass hier möglicherweise ein Modell gefunden wurde, das die Aspekte Massenbewältigung, hohe Produktqualität und Finanzierbarkeit erfolgreich miteinander verbindet. Auch wenn eine 1:1-Übertragung auf deutsche Verhältnisse sicher nicht in Betracht kommt, könnte es sich doch als lohnend erweisen, dieses intelligente Modell einer *public-private partnership* im Hinblick auf seinen Nutzen für ein VD18 näher zu untersuchen.

Dabei wird jedwedes Organsiationsmodell im Rahmen der vorhandenen Infrastruktur operieren und auf nachnutzbaren Vorarbeiten im Bereich der retrospektiven Digitalisierung aufsetzen:

- Zum einen sind natürlich die DFG-geförderten Digitalisierungsprojekte mit einschlägigen VD18-relevanten Materialien zu berücksichtigen. Im DFG-Programm „Retrospektive Digitalisierung von Bibliotheksbeständen" sind z. Zt. rund 80 abgeschlossene und laufende Projekte gelistet, davon 10-12 mit starkem oder überwiegendem Bezug zum 18. Jahrhundert: Die Bandbreite reicht von der Digitalisierung monumentaler Einzelwerke wie dem Zed-

---

[20] Level 3 = Simple Analysis. "Purpose: To create text that can stand alone as electronic text and identifies hierarchy and typography ..." TEI Text Encoding in Libraries. Guidelines for Best Encoding Practices. – http://www.indiana.edu/~letrs/tei/#level3.

[21] Auf die Text Creation Partnership im Zusammenhang mit den Early American Imprints (Evans) sei der Vollständigkeit halber hingewiesen: http://www.lib.umich.edu/evans

ler'schen Lexikon[22] oder gar der Krünitz'schen Enzyklopädie[23] bis hin zu umfangreichen Zeitschriften-Korpora des 18. und frühen 19. Jahrhunderts, die mehrere hundert Journale umfassen.

- Darüber hinaus sind **Projekte** zu beachten, die *außerhalb der DFG-Förderung* - beispielsweise von einzelnen Max-Planck-Instituten - durchgeführt werden.
- Obwohl auf den ersten Blick erfreulich viel im Netz zur Verfügung zu stehen scheint, sollte man die Anzahl der bereits digitalisierten VD18-relevanten Drucke keinesfalls überschätzen! So umfasst zum Beispiel das *gesamte* Angebot des Göttinger Digitalisierungszentrums derzeit „nur" rund 1,85 Mio Images von 4.670 Bänden[24]
- Darüber hinaus wären die einschlägigen **Mikrofilme**, die im Rahmen der langjährigen Programme der **Sicherungsverfilmung** in deutschen Bibliotheken angefertigt wurden, in ein VD18-Digitalisierungsprogramm einzubeziehen.
- Desweiteren wären **Kooperationsmöglichkeiten** mit **kommerziellen Anbietern** auszuloten, die in großem Stil Mikroform-Editionen herausgegeben haben.[25]
- Letztlich muss auch für die Einbindung des projektierten **Portals Digitalisierter Drucke** zur Optimierung des Nachweises von retrodigitalisierten Drucken mit VD18-Relevanz gesorgt werden.

Wenn man bezüglich des VD18 eine mutige und zukunftsträchtige Entscheidung treffen wollte, müsste man neben der möglichst breiten digitalen Faksimilierung die qualitativ hochwertige Volltextdigitalisierung eines Kernkorpus von mindestens 25.000 bis 50.000 Drucken empfehlen (sauber abgeschrieben und auf Level 3 TEI-konform XML-kodiert) – dies wären etwa 5% bis 10% der zu erwartenden Gesamtmenge.

Wenn dies durch ein geeignetes Organisations- und Kooperationsmodell gelänge, könnte es für die Erforschung unseres gedruckten Erbes des 18. Jahrhunderts

---

[22] Großes vollständiges Universal-Lexicon aller Wissenschaften und Künste. – Halle u. Leipzig, 1732-1754

[23] Krünitz, Johann Georg: *Oekonomisch-technologische Encyklopädie, oder allgemeines System der Staats-, Stadt-, Haus- und Land-Wirthschaft ...* – Berlin, 1773-1858

[24] Laut Server-Statistik des GDZ vom 8.8.2004 unter http://gdz.sub.uni-goettingen.de

[25] Zu denken wäre hier u.a. an die (nicht unumstrittene) Saur'sche *Bibliothek der deutschen Literatur.*

in absehbarer Zeit ähnlich günstig aussehen wie im anglo-amerikanischen Raum.

Abschließend dazu eine einfache Recherche in der EEBO-Datenbank, bei der Dokumente gesucht wurden, die an beliebiger Stelle den Begriff „peace" beinhalten. Die Demonstrationsdatenbank lieferte dazu 28 Treffer in 4 Volltextdokumenten, darunter (zufälligerweise an erster Stelle) John Knox' *The first blast of the trumpet against the monstruous regiment of women* von 1558.

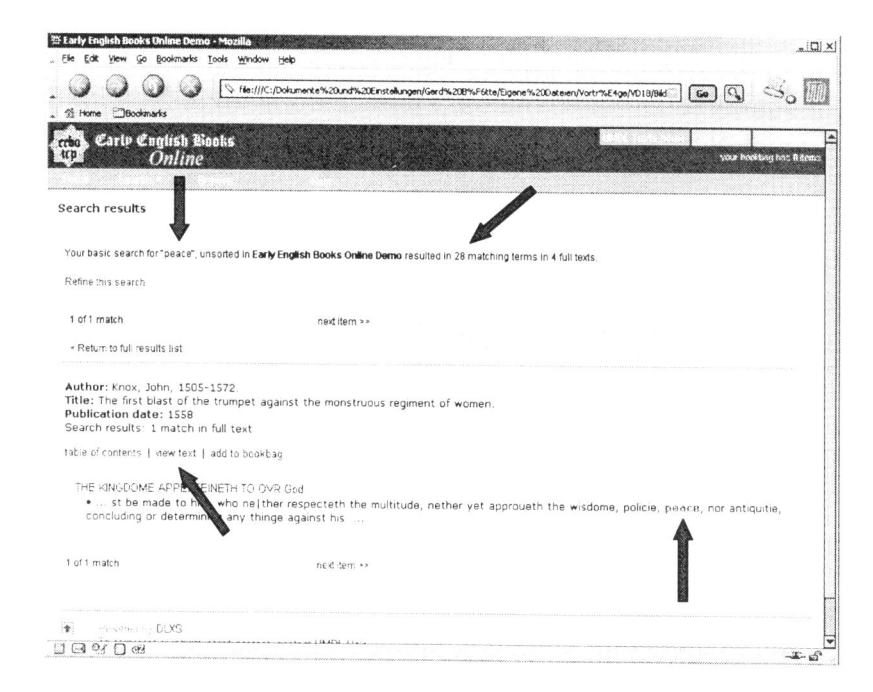

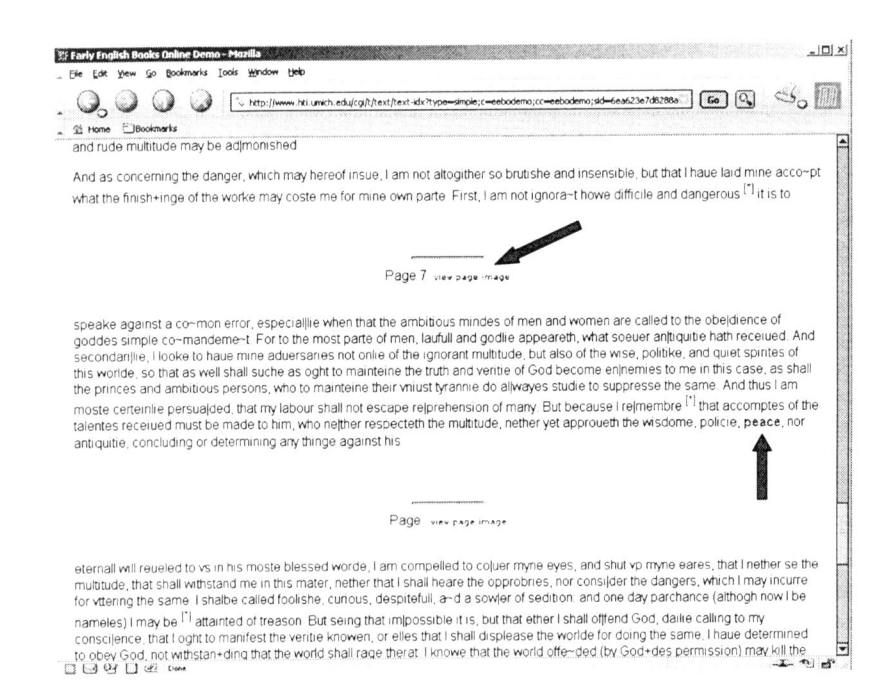

Das Programm ermöglicht den direkten Sprung zu den Fundstellen des Suchbegriffs im digitalen Volltext und von dort aus auf die entsprechende Seite des digitalen Faksimiles:

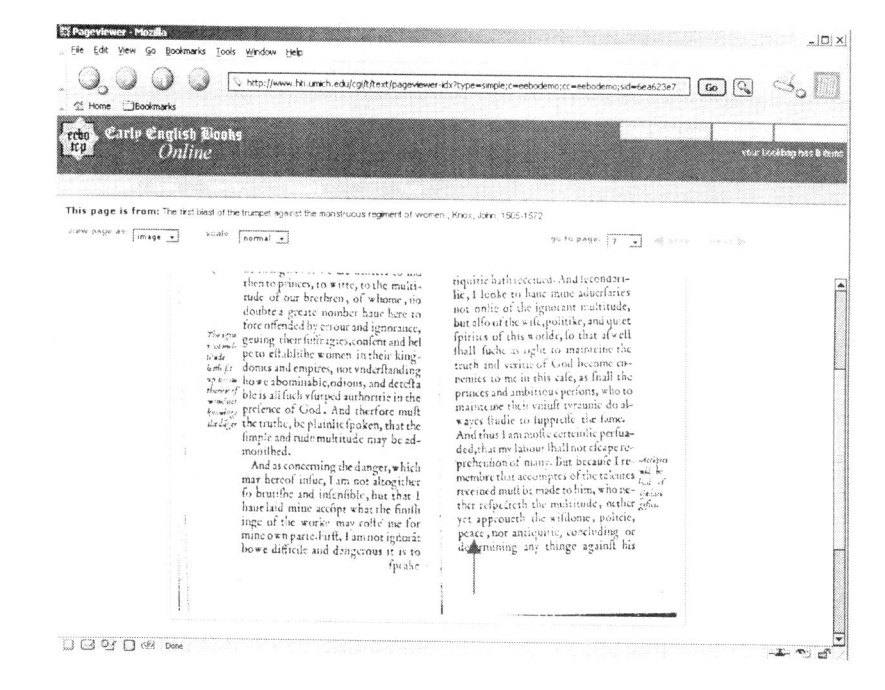

Ergebnisprotokoll der Abschlussdiskussion des DFG-Rundgesprächs VD 18 am 5. Mai 2004 in Halle, Universitäts- und Landesbibliothek Sachsen-Anhalt

Claudia Fabian, Dorothea Sommer

Die im folgenden zusammengefassten Diskussionsinhalte sind zum Teil nach den Vorträgen (Moderation Heiner Schnelling, Klaus Garber), zum Teil in der Abschlussdiskussion (Moderation Michael Knoche) vorgetragen worden. Die thematische Aufbereitung soll sicherstellen, dass diese Aspekte bei einer näheren Beschäftigung mit einem VD 18 adäquat berücksichtigt werden. Nur in Ausnahmefällen werden Diskussionsbeiträge namentlich zugeordnet, nicht aus mangelndem Respekt vor dem Sprecher, sondern um anzudeuten, dass die so geäußerten Ansichten auf breiten Konsens trafen.

Notwendigkeit eines VD 18

Die grundsätzliche Frage nach der Notwendigkeit des VD 18 wurde einhellig und nachdrücklich bejaht. Nur so ist die Dokumentation und qualitativ hochwertige Erschließung der Buchproduktion der Epoche und somit des kulturellen Erbes, das zugleich nationale und europäische Identität konstituiert, zu gewährleisten. Die Retrokonversionsaufnahmen, die über den KVK abrufbar sind, sind kein ausreichender Ersatz. Hier ist eine Findliste, ein Leihverkehrsinstrument entstanden, das aus bibliographischer Sicht mehr Fragen aufwirft als beantwortet und die Unzulänglichkeiten der alten Kataloge tradiert. Auch die bestehenden bibliographischen Verzeichnisse und Nachweismöglichkeiten (u.a. Heinsius, Kayser, Messkataloge, GV-alt) beruhen nicht auf Autopsie und sind unvollständig. Mit einem VD 18 wird ein zentrales bibliographisches Instrument für die geistes- und kulturwissenschaftliche Forschung geliefert. Es stellt eine natürliche und notwendige Fortsetzung zu den deutschen nationalbibliographischen Unternehmungen VD 16 und VD 17 dar.

Der Bedarf für ein VD 18 lässt sich aber nicht nur durch die Wissenschaft sondern auch aus der Epoche selbst heraus begründen, worauf Bernhard Fabian nachdrücklich hinwies. Im 18. Jahrhundert bildete sich die deutsche Nationalkultur aus. Mit diesem Jahrhundert beginnt die Moderne. Diese Epoche ist der unsrigen wie keine andere verwandt. Hier vollziehen sich für die europäische Kulturgeschichte paradigmatische Prozesse. Nur ein VD 18 kann das Porträt der Epoche in seiner ganzen Fülle zeichnen. Hinsichtlich der Perspektivierung des VD 18 ist jedoch erheblicher Diskussionsbedarf gegeben.

Inhalt und Umfang eines VD 18

Ein künftiges VD 18 darf - genauso wenig wie VD 16 oder VD 17 - kein spezifisch germanistisches Projekt sein. Es kann nicht auf einen Wissenschafts- oder Bildungskanon begrenzt bleiben bzw. sich allein aus forschungsorientierten Erschließungskonzepten zusammensetzen. Vielmehr handelt es sich um eine Nationalbibliographie als wertneutrale Sequenz von bibliographischen Einheiten, die durch diese Verzeichnung in einen Gesamtkontext integriert werden (so Graham Jefcoate).

Im Hinblick auf die Spezifizität der Literaturproduktion des 18. Jahrhunderts wurden folgende Besonderheiten angesprochen, die besonders zu beachten sind:

(1) Das Unternehmen muss in einen europäischen und internationalen Kontext eingebettet sein, da 20 – 30% des Buchdrucks der Zeit nicht in Deutschland nachweisbar sind (B. Fabian)[1]. Gerade die unerschlossenen Bestände jenseits von Oder/Neiße können unikale Dokumente enthalten.

(2) Das Titelmaterial des historischen deutschen Sprachraums insgesamt muss einbezogen werden (Garber).

(3) Ephemeres und unkonventionelles, zeit- ort- und anlassgebundenes Schrifttum spielt im 18. Jahrhundert eine zunehmend große Rolle. Es ist in den Messkatalogen überhaupt nicht erwähnt und wurde oft nur in kleiner Auflage publiziert (z.B. Theatertexte – „zu haben beim Logenmeister", im Selbstverlag herausgegebene Werke). Die Zahl der Qualifikationsschriften (Schulschriften, prüfungsrelevante Academica) und Akademieschriften nimmt zu. Viele dieser Dokumente können nur noch in Privatsammlungen, Gelehrtennachlässen oder Archiven erhalten sein. Eine starke lokale Streuung ist gerade für dieses Schrifttum anzunehmen.

(4) Sammelbände kommen im 18. Jahrhundert besonders häufig vor. Diese sind in Bibliotheken zumeist unzureichend, etwa nur für den ersten enthaltenen Band erschlossen.

---

[1] s.a. Erdmute Lapp, Katalogsituation der Altbestände (1501-1850) in Bibliotheken der Bundesrepublik Deutschland einschließlich Berlin (West): eine Studie im Auftrag der Deutschen Forschungsgemeinschaft. Berlin: Deutsches Bibliotheksinstitut, 1989 (dbi-Materialien; 82)

(5) Wie kein anderes Jahrhundert ist das 18. Jahrhundert geprägt von Raubdrucken, Nachdrucken, Doppeldrucken. Man denke nur an die Aktivitäten der typographischen Gesellschaften oder das josephinische Kleinschrifttum in Österreich. Die Hauptzeit dieser Aktivitäten liegt in der zweiten Hälfte des 18. Jahrhunderts. Diese Formen sind in den Messkatalogen überhaupt nicht enthalten, gehören aber unbedingt zu einer Buchdruckgeschichte des 18. Jahrhunderts. Die Anzahl der Drucke und ihre Typologie ist für das 18. Jahrhundert charakterisierend, da die Aufklärungsideologie in hohem Maße über Nachdrucke verbreitet wurde.

(6) In einem VD 18 könnten auch Drucke erfasst werden, von denen in den Messkatalogen Nachweise existieren, die sich aber in den Beständen der Bibliotheken nicht erhalten haben. Es ist jedoch nicht sicher, ob diese je erschienen sind.

(7) Für wünschenswert erachtet wurde auch der Nachweis von Musica practica, ein Bereich wo die Rezeption über den Kanon weit hinausreicht.

Mengengerüst und Perspektive für ein VD 18

Schätzungen zu einem Mengengerüst eines künftigen VD 18 bewegen sich zwischen 500.000 und (als belastbare Zahl) 600.000 Drucken, wobei einzurechnen ist, dass das Kleinschrifttum im 18. Jahrhundert zugenommen hat. Die Zahl 750.000 könnte auch erreicht werden. Ein VD 18 ist somit ein ungleich umfangreicheres bibliographisches Unternehmen als das VD 17, wo man von einer geschätzten Gesamtzahl von 265.000 Titeln ausging, die aber inzwischen nach oben hin zu korrigieren ist, wenn die Annahme stimmt, dass 20 % der Drucke des 17. Jahrhunderts nur in Bibliotheken jenseits von Oder/Neisse erhalten ist.

Eine Parallelförderung von VD 17 und VD 18 durch die DFG ist wegen des Umfangs der Projekte nicht zu erwarten. Nur nach dem Auslaufen des VD 17 kann mit einem VD 18 begonnen werden. Auch die Projektzeit für ein VD 18 muss überschaubar bleiben.

Aufbau eines VD 18

Zwei Modelle wurden diskutiert:

(1) Das Modell eines VD 18 analog VD 17 und VD 16 durch die Generierung von bibliographischen Daten aus Bibliotheken mit repräsentativen Bestän-

den zur Epoche in einer eigenen Datenbank. Dieses Modell hat den Vorteil erprobt zu sein und verlässliche Ergebnisse in kalkulierbarer Zeit zu liefern. Bei einer Fortführung des VD 17-Modells muss eine informierte und kluge Auswahl unter den Bibliotheken getroffen werden, die über repräsentative Bestände des 18. Jahrhunderts verfügen. Unklar ist jedoch (auch für das VD 17), welchen Abdeckungsgrad die Nationalbibliographie durch dieses Verfahren erreicht. Es ist anzunehmen, dass sich die Rolle der regionalen Leitbibliotheken im 18. Jahrhundert nicht einfach fortsetzt. Vielmehr wird die Schere zwischen jährlicher Buchproduktion und Erwerbungen der großen Universalbibliotheken mit jedem Jahr größer. Das Kleinschrifttum wiederum wird - wenn überhaupt - oft nur an einzelnen Orten, gerade auch entlegenen Orten und nicht-öffentlichen Sammlungen nachweisbar sein.

(2) Eine flächendeckende Nationalbibliographie des 18. Jahrhunderts in ihrer Gesamtheit mit allen deutschen Schriften, wo immer sie sich befinden, einschließlich der peripheren Bestände, die parallel erschlossen werden unter Berücksichtigung der Verfahren des ESTC (Jefcoate).

Ein VD 18 soll möglichst vielfältige Quellen berücksichtigen: dazu zählen neben großen Sammlungen auch private Gelehrtenbibliotheken als eigentliche Fachbibliotheken der Forschung in dieser Zeit, Auktionskataloge als Quelle für graue Literatur, buchhändlerische Kataloge etc. Es soll nicht nur Bestände von größeren Bibliotheken nachweisen, sondern auch wissenschaftlich bedeutsame, bisher unerschlossene Sammlungen erschließen und damit Rückschlüsse ermöglichen, die zu neuen sozio-kulturellen Erkenntnissen bezüglich des 18. Jahrhunderts führen können.

Organisationsmodelle für ein VD 18

Die Wahl des Organisationsmodells ist durch die grundsätzliche Überlegung bestimmt, wie und wo man an einen Grundbestand an Daten für die Katalogisierung gelangt.

Neben dem VD 17-Modell ist ein stufenweises Vorgehen und die Bildung von Modulen denkbar. Verschiedene Möglichkeiten bieten sich an:

(1) Die Nachnutzung von Daten aus den Verbünden und deren autoptische Verifizierung wird genannt. Der Abgleich der Verbunddaten insgesamt ist jedoch zu aufwendig. Statt von den derzeit vorhandenen unbefriedigenden Katalogisaten auszugehen, ist die Neukatalogisierung effizienter. Auf jeden Fall ist zu prüfen, wie die für die Nationalbibliographie geleistete Erschließungsarbeit den Verbundaufnahmen der Bibliotheken wieder zu gute kom-

men kann. Diese Nachnutzung der nationalbibliographischen Aufnahmen ist unbedingt zu fordern. Durch die Einbindung des VD 17 in den Verbundkatalog des GBV ergeben sich Verknüpfungsmöglichkeiten, die auch für ein VD 18 relevant sein werden.

(2) Der Start in kleinen, unerschlossenen Bibliotheken oder Archiven wird als projekttechnisch problematisch eingeschätzt und einhellig abgelehnt. Eine Machbarkeits-/ Projektvorstudie sollte jedoch eruieren, wie solche Projekte in anderen Ländern (z.B. Großbritannien, Niederlande) angegangen wurden. Das Modell ESTC sah zunächst die Erschliessung einer Universalsammlung (British Library) vor, und erst dann die Einarbeitung der Bestände anderer, auch lokaler Bibliotheken und Archive. Eine Orientierung an den Erfahrungen der Projekte ESTC und STCN für die Projektentwicklung des VD 18 sollte erfolgen.

(3) Ein nationalbibliographisches Großprojekt kann durch die solide Bearbeitung und Erschließung von großen Sammlungen - analog zum VD 16 und VD 17 - gezielt angegangen werden. Die Erfahrungen und Ergebnisse des VD 17, wo ein Gemeinschaftskatalog auf hohem Niveau aufgebaut wird, müssen Berücksichtigung finden. So wird von Interesse sein, wie die Leitbibliotheken des VD 17 nach der Förderphase durch die DFG die weitere Aufnahme von Beständen des 17. Jahrhunderts organisieren. Zu fragen ist, ob weiterhin Institutionen oder nur der Nachweis neuer Einträge gefördert werden.

Der modulare Aufbau einer Nationalbibliographie ist sicher der beste Weg zur Vollständigkeit. Die Definition und Vollständigkeit der Module ist für den flächendeckenden Nachweis entscheidend.

(4) Die in einem VD 18 zu erfassende Datenmenge kann in einem neuen Gemeinschaftskatalog oder als Erweiterung des VD 17 um das Segment des VD 18 bearbeitet werden. Für eine Erweiterung des VD 17 um ein VD 18 spricht das Argument, dass eine Grenze zwischen dem 17. und 18. Jahrhundert in der kulturellen Überlieferung nicht wirklich vorhanden ist. Auch wenn Verbunddaten Ausgangspunkt der Erschließung sind, ist der Aufbau eines gesicherten nationalbibliographischen Datenpools (aus dem gegebenenfalls verbesserte Erschließung in die Verbünde übernommen werden kann) anzustreben. Die technischen Möglichkeiten des VD 17 haben sich mit ihren Strukturen als bibliographisches Werkzeug bereits bewährt und können so weiter genutzt werden. Mehrheitlich wurde eingeschätzt, dass die Relevanz digitalisierter Schlüsselseiten jedoch angesichts der Möglich-

keiten der Volltextdigitalisierung zurücktritt. Bei Verzicht auf die Digitalisierung der Schlüsselseiten wäre ein Teil der derzeit für das VD 17 aufzubringenden Arbeitsleistung einzusparen. Reinhart Siegert hob hervor, dass ohne Schlüsselseiten allerdings die Aussagekraft der Erschließung durch Katalogisierungsdaten ihm nicht hinreichend erscheine. Wünschenswert wäre neben der Abbildung der Titelseiten insbesondere die Digitalisierung von Inhaltsverzeichnissen.

(5) Betont wird die Wichtigkeit, dass - anders als das VD 17 - das VD 18 offene Strukturen haben soll, die es erlauben – gegebenenfalls unter Nutzung einer Zentralredaktion - auch solche Daten zu integrieren, die unabhängig von dem Projekt in anderen (Verbund-)Bibliotheken oder eigenen Erschließungsprojekten durch Autopsiekatalogisierung einschlägiger Bestände entstehen. Es ist eine Verständigung über Qualitätsstandards und Strukturen unter Einbeziehung des internationalen Kontextes notwendig. Im Idealfall darf zwischen einem Nachweisinstrument und einer Nationalbibliographie kein Unterschied bestehen, vielmehr ist ersteres ein Weg hin zur Nationalbibliographie.

(6) Im Bereich der inhaltlichen Erschließung sind im VD 17 gute Ansätze durch die Vergabe von Gattungsbegriffen gegeben, die in einem VD 18 ausgeweitet werden sollten. Die in den Signaturen enthaltenen systematischen Erschließungselemente sollten über das Erstellen von Konkordanzen differenziert genutzt werden. So ist auch die Integration in die neuen Fachportale möglich.

(7) In Vorbereitung des Projekts VD 18 sind bibliographische Hilfsmittel und digital zur Verfügung stehende Werkzeuge zu identifizieren und gegebenenfalls digital bereit zu stellen.

Wünschenswerte Erweiterungen im Kontext des VD 18

(1) Die Schaffung einer digitalen Bibliothek von Texten des 18. Jahrhunderts ist umso wichtiger als heute die Erschließung gegenüber der Bereitstellung von Texten an Bedeutung zu verlieren scheint. Es wäre wünschenswert, über den Katalog hinaus eine Art „Lesebuch" zu erstellen, das zu einer verstärkten Rezeption gerade auch nicht-kanonischer Titel führen könnte und damit zu der für den wissenschaftlichen Fortschritt unverzichtbaren Suspension des Kanons. Andererseits geht jeder Rezeption der Inhalte der Nachweis derselben voraus. Eine nachfrageorientierte Digitalisierungspoli-

tik erscheint am vernünftigsten. Digitale Dokumente sollen in dem Maße hinzugefügt werden, wie sie durch Nachfrage entstehen (digitisation on demand) und damit aktuelle, dynamische Bezüge zu Forschungstätigkeiten liefern. Das so entstehende Textkorpus ist dann nicht spekulativ an einen Kanon gebunden, zu dem man sich gesondert verständigen müsste, sondern auf tatsächlich entstandene Nachfrage ausgerichtet. Die Existenz eines VD 18 ist wichtig, um die entstehenden Digitalisierungen an ein bibliographisch verlässliches Instrument anzubinden. Die Anbindung der bereits existierenden Mikroformarchive ist genauso zu verfolgen.

(2) Wünschenswert ist des weiteren eine Einbindung der Internationalen Bibliographie der Rezensionen (IBR) bzw. der Nachweis von Rezensionen oder Aufsätzen, die sich mit den einzelnen Drucken beschäftigen. Die zeitgenössische Rezeption der Texte (Kritiken, Resonanzen in Zeitschriften etc.) sollte ebenfalls abbildbar sein. Die Digitalisierung dieses Materials ist in diesem Kontext anzustreben.

(3) Wünschenswert ist auch die Verknüpfung der Aufnahmen mit den zugehörigen Einträgen in Messkatalogen, Buchhändlerkatalogen bzw. Subskriptionsverzeichnissen.

Es bestand Konsens, dass bei der Planung des VD 18 auf Nachhaltigkeit und Nachnutzbarkeit zu achten ist. Der Zugriff auf Datenumgebungen, auf Texte und Kontexte soll gewährleistet werden. Ein VD 18 ist nicht ursprünglich als Bibliothek von digitalen Texten zu konzipieren, auch ist die routinemäßige Digitalisierung von Schlüsselseiten nicht mehr vorzusehen. Das VD 18 muss aber Anbindungsmöglichkeiten für digitale Texte oder Schlüsselseiten bieten und von Anspruch und Leistung her über den Nachweis hinaus essentiell erweiterbar sein. Die im Konnex zu einem VD 18 stehende Digitalisierung muss abgestimmten Standards entsprechen.

Weiteres Vorgehen

Dem Unterausschuss für kulturelle Überlieferung soll die Erarbeitung einer Studie empfohlen werden, die aus den Erfahrungen mit dem VD 17 und den Überlegungen zu den Besonderheiten des VD 18 ein überzeugendes Organisationsmodell erarbeitet, das die verschiedenen Aspekte berücksichtigt. Die Studie soll mehr dem Management eines solchen Projekts gewidmet sein, als einem Zahlengerüst. Die Studie muss zügig erstellt werden, damit für 2007/2008 der Start des VD 18 avisiert werden kann.

Ralf Goebel (DFG) erläutert zum weiteren Verfahren, dass die Ergebnisse des Rundgesprächs in der Herbstsitzung des „Unterausschusses für Kulturelle Überlieferung" diskutiert werden sollten. Für die Diskussion im Unterausschuss sei die termingerechte Fertigstellung des Vortragsbandes eine wichtige Voraussetzung. Der Unterausschuss würde dann über das weitere Vorgehen beraten und gegebenenfalls Empfehlungen formulieren, die als Grundlage für die weiterführende Diskussion im Ausschuss für wissenschaftliche Bibliotheken und Informationssysteme dienen würden.

Claudia Fabian, Bayerische Staatsbibliothek München
Dorothea Sommer, Universitäts- und Landesbibliothek Sachsen-Anhalt

10.8.2004

Für ein nationales Verzeichnis der Drucke des 18. Jahrhunderts!

Klaus Garber

»Mit den vorhandenen Bücher-Lexika lassen sich die seit 1700 in Deutschland erschienenen Bücher ohne Unterbrechung, streckenweise sogar mit mehreren Hilfsmitteln gleichzeitig feststellen. [...] Mit dem Jahre 1700 setzt eine regelmäßige Berichterstattung ein. Zwar darf man für das 18. Jh. auch noch keine Vollständigkeit, wohl aber eine außerordentlich große Reichhaltigkeit erwarten.«[1]

Sätze wie diese aus der Feder eines ersten Sachkenners des bibliographischen Gewerbes, denen sich viele vergleichbare zur Seite stellen ließen, haben schon immer die Vermutung gerade unter Nichtfachleuten genährt, mit dem Einsatz des 18. Jahrhunderts sei man auch in Deutschland nationalbibliographisch endlich auf vergleichsweise sicherem Boden angelangt. Die lokale Produktion träte gegenüber der territorialen und gelegentlich sogar der nationalen zurück, ein funktionstüchtiger Buchmarkt erreiche großräumig Interessenten, die Stabilisierung der Messeverhältnisse habe eine gründlichere und zuverlässigere Verzeichnung der Produktion in den großen national angelegten Bücherverzeichnissen zur Folge.

Diese der Beruhigung des bibliophilen Gewissens so sympathischen Trendmeldungen stehen freilich in einem eklatanten Gegensatz zu den Erfahrungen, die demjenigen vorbehalten sind, der sich der Freuden und Mühen des Reisens zum Zwecke der Erkundung von Bibliotheken aussetzt und sich nicht scheut, wo immer möglich in deren verborgene Schatzkammern vorzudringen. Bevorzugen wird er bei seinen Expeditionen solche, die vom Kriege verschont blieben oder zumindest doch glimpflich davonkamen. Sie sind, sofern man den Blick auf die größeren Häuser mit bedeutenderen Beständen richtet, in der Minderzahl gegenüber den zerstörten oder doch überwiegend ihrer althergebrachten Substanz beraubten. Aber es gibt sie zwischen Breslau und Zürich, Reval und Tübingen, und häufig sind es die kleineren in der Provinz, die von der Kriegsfurie nicht erfaßt wurden und die ihre häufig gleichfalls ausgelagerten Bücher unversehrt zurückführen konnten.[2]

---

[1] Paul Raabe: Einführung in die Bücherkunde zur deutschen Literaturwissenschaft, 10. unveränd. Aufl.- Stuttgart: Metzler 1984 (= sammlung metzler; 1), S. 31.

[2] Mit zahlreicher weiterer Literatur Klaus Garber: Das alte Buch im alten Europa.- Paderborn: Fink 2004.

Da reicht es, in die erhaltenen alten handschriftlichen Kataloge zu schauen oder – falls denn die Erlaubnis erwirkt wird – einen Gang in fachkundiger Begleitung durch die Altbestandsmagazine anzutreten, in denen man die Bücher häufig noch nach den Systemstellen der alteuropäischen Wissenschaftslehre aufgestellt findet, um sich rasch zu überzeugen, daß in ihnen nach wie vor Schätze gerade auch aus dem 18. Jahrhundert schlummern, von denen kein Bücherverzeichnis uns bislang Kunde gibt. Entgegen landläufiger Vorstellung nämlich bleibt auch die Druckproduktion des 18. Jahrhunderts viel stärker als zu vermuten und unter dem Titel ›Aufklärung‹ suggeriert, lokal geprägt und regional gesteuert. Kleinräumige Produktions- und Distributionsformen, kombiniert mit heimischen Sammlerinteressen und Sammlungsprofilen bestimmen immer noch die deutsche Buch- und Bibliotheksszene bis tief in das 18. Jahrhundert hinein.

Gewiß, die großen Autoren von Leibniz, Thomasius und Wolf über Gellert und Gessner, Klopstock und Wieland bis hin schließlich zu Goethe und Schiller erreichen ein breites und nun erstmals sich formierendes gebildetes Publikum, das über Lektüre seine Identität gewinnt. Dazu tritt, wie bekannt, das periodische Schrifttum in den großen nationalen Reihen wie der ›Allgemeinen Deutschen Bibliothek‹, den ›Göttingischen Gelehrten Anzeigen‹ und den ungezählten regionalen Blätter, treten die literarischen Organe wie Wielands ›Teutscher Merkur‹ oder Lessings und Mendelssohns Unternehmungen, treten die moralischen Wochenschriften mit teilweise überregionalem Einzugsbereich, angefangen bei den Hamburgern, den Leipzigern, den Schweizern. Und unterhalb dieses gehobenen Ansprüchen genügenden Schrifttums breitet sich eine Masse trivialer Formen aller Sparten, vor allem aber im erzählenden Genre aus, das ungeahnte Konsumentenzahlen bedient und mit ihnen neue, am Lesen bislang nicht beteiligte Schichten erreicht. In Heinsius' ›Allgemeinen Bücher-Lexikon‹, dann in Kaysers ›Vollständigem Bücher-Lexikon‹ kann man sich darüber, wenn auch oft nur mühselig, informieren.

Kein Verzeichnis aber belehrt uns über das, was tagtägliche gelehrte Bemühung im 18. Jahrhundert war, den Weg allenfalls, wenn es gut ging (und beabsichtigt war!) zunächst zum Drucker und später in eine Bibliothek fand. Wir sprechen von dem lokalen, um Kirche und Schule, Archiv und Bibliothek, teilweise auch um Verwaltung und Politik gruppierten Schrifttum, in dem sich die lokalen, immer noch gelehrten Eliten artikulieren und bevorzugt, wenn auch keineswegs ausschließlich, lokale Überlieferungen und Ereignisse verarbeiten. Es sind dies, um nur einige Beispiele zu geben, Programmschriften zu den Jahresberichten der Schulen, Einladungsschriften zu den akademischen Feierlichkeiten in den Gymnasien und auf den Universitäten, Dissertationen aus den gelehrten Anstalten, Flugschriften (wenngleich rückläufig), und – fast möchte man sagen: immer noch – poetische Zuschriften zu den herausragenden Begebnissen im Leben der zumeist begüterten Familien, aber auch Kompilationen der lokalen gelehrten Literaten in Vergangenheit und Gegenwart in Gestalt von Bio-Bibliographien, Chroniken, Editionen, Regesten zumeist lokaler Ereignisse etc.

Dieses Schrifttum fand auch im 18. Jahrhundert nur ausnahmsweise Zugang zu den nationalen Bücherverzeichnissen. Aber auch in den lokalen Schriftsteller-Verzeichnissen ist es nur teilweise und häufig nur summarisch nachgewiesen. Es interessierte Sammler mit patriotischen Ambitionen, die die häufig flüchtige Ware zu erhaschen suchten, für ihre gelehrte Arbeit verwendeten, annotierten, ordneten, in selbst eingerichteten Sammelbänden zusammenführten und mehr oder minder eingehend erschlossen. Dabei blieb es. Später tauchten diese Kollektionen auf dem Antiquariatsmarkt auf, gelangten nicht selten in die Hände anderer Sammler oder auch in die heimischen Bibliotheken, wenn sie nicht schon vorher gestiftet worden waren. Dort standen sie zumeist bis zum Zweiten Weltkrieg, häufig nur unzulänglich verzeichnet, und sind zu Tausenden in den Bombenangriffen untergegangen, ohne je aufgearbeitet oder gar reproduziert worden zu sein. Was das für die kulturelle Überlieferung und also für das kulturelle Gedächtnis einer Region und letztlich einer Nation bedeutet, gehört auf ein anderes, immer noch wenig beschriebenes Blatt.[3]

Ein Verzeichnis der im deutschen Sprachraum des 18. Jahrhunderts erschienenen Drucke (und der außerhalb seiner erschienenen deutschsprachigen Drucke) wird also mit Gewißheit auch für diesen vermeintlich bibliographisch gut erschlossenen Zeitraum immer noch Kontinente bislang unbekannter Titel und Drucke auftun. Bei ihnen aber, um bei unserem Beispiel zu verharren, handelt es sich keineswegs um prinzipiell zu vernachlässigende Beigaben zu der eingeführten und im ganzen gut dokumentierten Hochliteratur. Vielmehr wird mit dieser regionalen gelehrten Produktion überhaupt erst die Infrastruktur freigelegt, über die sich die Aufklärung jenseits der nationalen Organe und Diskurse in der Region Gehör verschaffte und zu einem lokalen Ereignis wurde. Hier schlummern Dokumente, über die überhaupt erst erfahrbar wird, wie Aufklärung (wenn dieser Terminus hier pauschal bemüht werden darf) im Alltag vor Ort funktionierte. Diese große dokumentarische Aufgabe steht der deutschen Buch- und Bibliothekswissenschaft immer noch bevor. Ein VD18, dem Kleinschrifttum so die Ehre gebend wie seine Vorgänger, ist das gegebene Medium, dieser Verpflich-

---

[3] Vgl. Klaus Garber: Nation – Literatur – Politische Mentalität. Beiträge zur Erinnerungskultur in Deutschland. Essays – Reden – Interventionen.- Paderborn: Fink 2004, S. 145 ff.: Bibliotheken als memoriale Stätten urbaner und regionaler Kultur.

tung nach den verheerenden Zerstörungen des Zweiten Weltkriegs Genüge zu tun.[4]

Noch eine zweite dringliche Aufgabe sähen wir durch ein künftiges VD18 gerne befördert. Das 18. Jahrhundert hat wie keine Zeit vorher oder nachher das kulturelle Erbe Alteuropas über den Druck in Gestalt des Reihen- und Serienwerkes geborgen. Die Achsenstellung dieses Jahrhunderts als Bewahrer der überkommenen Überlieferungen, mit dem der Aufbruch in der Frühen Neuzeit zu einem Abschluß gelangt, und die erstmalige Erkundung der fortan in die Moderne führenden Wege, bezeugt sich nicht zuletzt in dieser ungeheuren synoptischen Bemühung, in der die Überlieferung assimiliert, geistig durchdrungen und für die Zwecke der Zukunft zugerüstet wird. Ungeachtet aller Anstrengungen, wie sie jüngst vor allem der Gattung Zeitschrift angediehen sind, ist es bislang nicht entfernt gelungen, den immensen in diesen Magazinen gespeicherten geistigen Stoff aufzuschlüsseln und handhabbar zu machen.

Wir erhoffen uns also von einem künftigen VD18 als einem würdigen Nachfolger des VD16 und VD17 nicht nur Hilfe bei dem Nachweis von Titeln und Exemplaren, sondern zugleich auch bei der Erschließung der großen Sammel- und Serienwerke. So wie es in einem langwierigen Diskussions- (und Überzeugungs-)Prozeß möglich war, die Wünsche der Fachwissenschaften beispielsweise in Bezug auf Beiträger und Adressaten im akademischen und kasualen Kleinschrifttum durchzusetzen, so sollte ein künftiges VD18 den historischen Wissenschaften wo immer möglich vorarbeiten über eine analytische Durchdringung der in den Kompendien transportierten Inhalte. Mag also womöglich die Titelerfassung hier und da aufgrund der schon geleisteten Vorarbeiten sich vereinfacht haben, so sollte dieser Vorzug genutzt werden, um in das Innere der Sammel- und Serienwerke einzudringen und dem Benutzer über Verfasser, Titel, Themen etc., die sich in ihnen verbergen, so umfassend wie irgend angängig zu informieren.

Erst damit würde ein grandioses nationalbibliographisches Werk für die drei entscheidenden Jahrhunderte der Frühen Neuzeit zu einem sinnvollen Abschluß gelangen, von dem man bereits jetzt mit Sicherheit voraussagen kann, daß es den Kulturwissenschaften, daß es dem werdenden Europa, das es der historischen Kunde vom Menschen unschätzbare Dienste leisten wird.

---

[4] Verwiesen sei auf das ›Vorwort zum Gesamtwerk‹ des Handbuchs des personalen Gelegenheitsschrifttums (Hildesheim, Zürich, New York: Olms-Weidmann 2001 ff.), sowie auf den Beitrag ›Vermessung eines versunkenen Kontinents. Ephemeres Kleinschrifttum und literaturgeschichtlich-lexikalische Großprojekte im Blick auf den alten deutschen Sprachraum des Ostens‹, in dem Anm. 3 zitierten Werk (S. 226–237), in denen diese Zusammenhänge entfaltet werden.

VD 17/18 – Ein Vorschlag zur pragmatischen Weiterentwicklung bibliothekarisch-bibliographischer Verzeichnisse in Deutschland

Elmar Mittler, Joachim Migl

Es gehört zu den - im Ausland manchmal Verwunderung hervorrufenden - Besonderheiten deutscher historischer Forschung, dass sie sich an Jahrhunderten orientiert. Das ist auch bei den bibliothekarischen Verzeichnissen VD 16 und VD 17 der Fall. Andererseits ist man sich auch in der deutschen Forschung immer bewusst, dass es eine Fülle von Entwicklungen und Zusammenhängen gibt, die durch Jahrhundertgrenzen künstlich zerschnitten werden. Bernhard Fabian weist darauf auch in seinem Beitrag in dieser Publikation hin. Sprechen schon sachliche Gründe für ein Überspringen starrer Jahrhundertgrenzen, so sollte man sich zu einem Zeitpunkt, zu dem ein allmählicher Abschluss der Hauptarbeit am VD 17 am Horizont erkennbar wird, fragen, ob es sinnvoll ist, für die sicher erforderliche bibliothekarisch-bibliographische Aufarbeitung des 18. Jahrhunderts mit einem neuen Verzeichnis und womöglich neuen Regeln und Datenstrukturen zu beginnen oder das VD 17 (in vielleicht pragmatisch leicht veränderter Form und mit zukunftsorientiertem Management) als VD 17/18 (vielleicht sogar mit Aussicht auf ein zwar fernes, aber doch wünschenswertes VDH – ein Gesamtverzeichnis Deutscher Drucke der Handpressenzeit bis ca. 1830) fortzusetzen.

1 Das VD 17 als Modell[1]

Die Quantität der Publikationen wie ihre inhaltlichen Schwerpunkte und das Erscheinungsbild von Büchern haben sich im Laufe des 18. Jahrhundert gegenüber der vorhergehenden Zeit grundlegend verändert. Es mag deshalb vielleicht nicht selbstverständlich erscheinen, die Diskussion über die Realisierung eines VD 18 mit einem prüfenden Blick auf die Situation des VD 17 zu führen. Andererseits sind beide Unternehmen nach Anspruch und Bedeutung so verwandt, dass es in jedem Fall erforderlich ist, auf die Erfahrungen der Erstellung und Nutzung des VD 17 zurückzugreifen.

---

[1] Vgl. zur Diskussion über das VD17 den demnächst im Sonderheft der ZfBB erscheinenden Bericht von Thomas Stäcker: VD 17 – mehr als eine Zwischenbilanz, mit Erwähnung der weiteren Literatur.

1.1 Nutzen einer Spezialdatenbank

Ein auf der Grundlage systematisch angelegter Originalkatalogisierung geschaffenes bibliographisches Unternehmen wie das VD 17 hat im Vergleich zu den großen deutschen Verbunddatenbanken viele strukturelle Vorteile. Während in diesen auf Grund der unterschiedlichen Qualität der Quellen die Datenkonsistenz nicht befriedigen und deshalb darauf basierende Rechercheergebnisse dem Informationsbedürfnis von anspruchsvolleren Nutzern oftmals nicht genügen können, bietet eine Spezialdatenbank wie das VD 17 ein hohes Maß Datenkorrektheit und Auffindungssicherheit. Die hohe Kompetenz der Bearbeiter/innen im Projekt und die konsequente Anwendung von Autopsie bei der Erfassung sind die Grundlagen der bibliographischen Zuverlässigkeit. Die sorgfältige Pflege der Datenbank und die Zuweisung von persistenten VD 17-Nummern schaffen die Voraussetzung für Zitierfähigkeit und die Etablierung der Datenbank als eines auf Dauerhaftigkeit angelegten Referenzwerks.

Die Reaktionen der Datenbanknutzer, sowohl aus der Wissenschaft als auch aus dem antiquarischen Handel, zeigen die Bereitschaft, die Datenbank als das anzunehmen, was sie von Beginn an sein sollte: ein Nachweisinstrument mit dem Ziel nationalbibliographische Verzeichnung der Literatur in höchster Qualität.

1.2 Positive und negative Erfahrungen mit der heutigen VD 17-Datenbank

Wie jedes bibliographische Unternehmen – sei es als Datenbank angelegt oder als konventioneller Katalog – hat auch das VD 17 sein Eigenheiten, die aus der Zeit und den Randbedingungen seines Entstehens erklärbar sind. Zu prüfen ist, ob manche Festlegung, die für das Datenmaterial des VD 17 selbst nicht mehr revidierbar sein mag, die Fortführung als VD 17/18 unmöglich macht.

Über die positiven Aspekte des VD 17 ist bereits einiges gesagt worden. Sicher wird niemand in Frage stellen, dass der kooperative Ansatz richtig und angesichts der spezifischen Überlieferungsverhältnisse von Druckwerken in Deutschland der einzig mögliche ist. Ebenso wenig wird der Vorteil einer gemeinsam gepflegten Datenbank in Zweifel zu ziehen sein. Auch das Prinzip der Autopsie erscheint notwendig, selbst wenn gerade dieser Aspekt Konsequenzen für den „Datendurchsatz" zeitigt, die für ein VD 18 wegen der größeren Titelzahl sicher erhebliche Probleme bringen werden und zusätzliche Überlegungen erforderlich machen.

Die Integration relativ aufwendiger Schlüsselseitenscans in Anlehnung an die Praxis des Wolfenbütteler Barockkataloges hat sicher große Verdienste, pragmatisch der Komplexität der Vorlagen gerecht zu werden und gleichzeitig den

Aufwand für die Erstellung von Metadaten überschaubar zu halten[2]. Für Drucke des 18. Jahrhunderts wäre sie keine Perspektive, und hätte, wenn überhaupt, wohl auch nur für die ersten Jahrzehnte des 18. Jahrhunderts einen Wert. Die Quantitäten und Qualitäten der Buchproduktion spätestens gegen Ende dieses Jahrhunderts sind mit Schlüsselseiten – im wahrsten Sinne des Wortes – sicher nicht mehr abzubilden. Deshalb ist die Weiterführung dieser Praxis (auch unter Berücksichtigung der größeren Chance der vollen Digitalisierung) zu überprüfen.

Der für das VD 17 geltende Richtwert von 12 Titelaufnahmen pro Mitarbeiter und Tag muss für Materialien des 18. Jahrhunderts unbedingt wesentlich überschritten werden. Hier muss man neue Hilfsmittel und Verfahren einsetzen, für die hier noch erste Vorschläge gemacht werden.

Zu überlegen ist auch, ob die bisherige Exklusivität mitwirkender Einrichtungen beibehalten werden kann. Sie steht natürlich in engem und nachvollziehbarem Zusammenhang mit den Qualitätsanforderungen. Die bisherige Beschränkung auf einen definierten Kreis von Teilnehmern im Projekt erleichterte fraglos die Pflege und Kontrolle des Datenbestandes und seine Homogenität. Obwohl sich die Gemeinschaft der VD 17-Partner zunächst durch Aufnahme der Bibliotheken in Dresden, Gotha und Halle, und jüngst mit Weimar, Göttingen und Nürnberg vergrößert hat, ist die Gruppe überschaubar geblieben. Das Arbeitsverhältnis zwischen „Älteren" und „Jüngeren" ist sehr gut und konstruktiv, die gemeinsamen Arbeitsbesprechungen können in diesem Kreis stringent und ergebnisorientiert geführt werden. Resultieren also einerseits nicht zu unterschätzende Vorteile aus der Exklusivität, so dürfen andererseits auch die schon im VD 17 erkennbaren und im 18. Jahrhundert verstärkt zu erwartenden Nachteile nicht verschwiegen werden. Für das Erreichen des Ziels einer vollständigen national bibliographischen Verzeichnung fehlen für das 17. Jahrhundert z. B. Bibliotheken im deutschen Südwesten ebenso wie Teilnehmer aus dem Ausland.

Könnte dies durch eine abermals erweiterte Runde von Partnern auf nationaler Ebene noch behoben werden, wirft die sachlich wünschenswerte, ja notwendige Einbindung von ausländischen Bibliotheken mit nennenswertem Besitz an VD 17-relevanten Titeln auch förderungstechnisch erhebliche Probleme auf. Sie wären für das 18. Jahrhundert noch wesentlich größer. Bevor aber eine Wahl zwischen der einheitlich hohen Qualität der Datenbank und ihrer nationalbibliographischen Vollständigkeit akzeptiert wird, sollte man alternative Strukturen und Verfahren in Betracht ziehen.

---

[2] Deutsche Drucke des Barock 1600 - 1720 : Katalog der Herzog August Bibliothek Wolfenbüttel / bearb. von Thomas Bürger. Begr. von Martin Bircher. München [u.a.] : Saur [u.a.], 1977-
Bis 1987 u.d.T.: Bircher, Martin: Deutsche Drucke des Barock 1600 - 1720 in der Herzog-August-Bibliothek Wolfenbüttel

Doch zunächst sei auf einige Besonderheiten des im VD 17 verwendeten Katalogisierungsregelwerkes bzw. des Datenformates eingegangen, die gewollt oder ungewollt zur Exklusivität des VD 18 und damit zu Nachteilen bei Bearbeitungstempo und Interoperabilität mit anderen Datenbanken beitragen.

2 Das Regelwerk und die Kategorienbelegung des VD 17 im Vergleich[3]

2.1 VD 17 und die gängige Katalogisierungspraxis

Um die Besonderheiten des VD 17 herauszuarbeiten, werden seine Regelungen hier mit der Katalogisierungspraxis im Gemeinsamen Bibliotheksverbund verglichen.

Erscheinungsland

Die Kategorie *1700* (Erscheinungsland) wird – im Gegensatz zum GBV - im VD17 *nicht* besetzt.

Ansetzung von Personen

Erst das *letzte* Update der *GBV*-Katalogisierungsrichtlinie sieht im GBV – „(bei alten Drucken)" - Einträge unter *Widmungsempfängern, Zensoren* und *Beiträgern* (Kat. 3060- 3062) vor sowie die Kat. 3063 („Name im Sachtitel und sonstige nicht beteiligte Personen").

Im *VD17* dagegen werden die Kategorien 3060-3062 *grundsätzlich* vergeben; „sonstige beteiligte / nicht beteiligte Personen" werden im *VD17* in die Kategorien *301X/302X* eingetragen, im *GBV* in Kategorie *305X*, die wiederum im *VD17* für den „*Namen im Sachtitel*" vorgesehen ist.

Ansetzungssachtitel

Für den AST ist im *GBV* die Kategorie *3220* vorgesehen, die dort zusätzlich als Indexierungskategorie genutzt werden kann.

Im *VD17* ist ein Ansetzungssachtitel „eigentlich" *nicht* vorgesehen; wird er dennoch für *erforderlich oder sinnvoll* gehalten, so erfolgt seine Erfassung in Kategorie *3260*. – Die Kategorie 3220 wird im VD17 nur als Indexierungskategorie genutzt.

---

[3] Vgl. http://www.vd17.de/bibliograph.html bzw. http://www.gbv.de/du/katricht/inhalt.shtml

Sachtitel und Verfasserangabe (Kategorie 4000)

Grundsätzlich werden sowohl im GBV als auch im VD17 Sachtitel und Verfasserangabe in *Vorlageform* erfasst. Im VD17 gilt es dabei jedoch immer zu beachten, dass die Eingaben gemäß der jeweiligen *Lesart* erfolgen; bei lateinischsprachigen Vorlagen ist daher immer darauf zu achten, wie ein vorliegendes i oder j bzw. u oder v zu lesen ist; die jeweilige Lesart ist sodann zu erfassen. Eine wichtige *Ausnahme* bilden *biblische* Namen: Lauten diese mit einem „J" an, welches in der Vorlage als „I" gedruckt ist, so sind diese mit anlautendem „J" zu erfassen (Beispiel: Ein vorliegender „IoachimvS" wird als „Joachimus" eingegeben.). Diese Regelung gilt jedoch *nicht* für die Kategorien *3060 ff.* – So werden etwa Widmungsempfänger und Beiträger lediglich in ihrer Vorlageform – also z. B. als „Iohannes" und nicht als „Johannes" – erfasst.

Man beachte jedoch, dass das Prinzip der „Lesart" natürlich *nicht* für die Erfassung des *Fingerprints* gilt! Dort sind selbstverständlich diejenigen Zeichen (Buchstaben, Ziffern u.a.) zu erfassen, die an den relevanten Stellen stehen. Dies gilt so für GBV *und* VD17.

Erscheinungsvermerk

Zusätzlich zu der Belegung der Kategorien 4030 und 4043 für Erscheinungsort und Verleger / Drucker sowie der für die Verknüpfung mit dem Normdatensatz des jeweiligen Verlegers / Druckers sieht das VD17 die Kategorie *4033* vor, in welcher der Erscheinungsort in der *heute gebräuchlichen* Orthographie eingetragen wird (z.B.: Ienae [Vorlage; so auch in 4030]; zusätzlich: „4033 Jena").

Enthaltene und beigefügte Werke

Im *GBV* werden enthaltene und beigefügte Werke in *j-Stufen* erfasst.

Im *VD17* wurde – nach seiner Konvertierung in das Pica-Format – *auf j-Stufen verzichtet*. Statt ihrer wurden die Kategorien *4010* und *4011* neu eingeführt, um die entsprechenden Titel- und Verfasserangaben zu erfassen.

2.2 Datentausch und Katalogkonsistenz

Um einen Datenaustausch zwischen einer VD 17/18-Datenbank und Verbundkatalogen wie dem GVK zu ermöglichen, ist es von entscheidender Bedeutung, dass es für die Kategoriendefinitionen eindeutige Entsprechungen gibt. Wenn diese vorliegen, ist die automatisierte Umsetzung von Katalogisaten in die eine oder andere Richtung möglich. In den meisten Fällen der Auflistung sind die Unterschiede zwischen der Verbundkatalogisierung und der VD 17-Form nicht von unüberwindlicher Problematik, weil diese eindeutigen Entsprechungen hergestellt werden können. Mit dem Export der Gothaer VD 17-Daten in den GVK wird in naher Zukunft ein erster Testlauf stattfinden, der eine praktische Erprobung möglicher Verfahren und Anhaltspunkte für den Aufwand geben wird.

Problematisch bleiben aber Unterschiede, die nicht durch automatisierte Umsetzung gelöst werden können wie z.B. die „i"/"j"-Behandlung. Die im VD 17 übliche Praxis müsste dann auch bei in den GVK importierten Datensätzen erhalten bleiben oder manuell geändert werden. Andererseits ließe sich auch eine Anpassung der Verbundregeln an die VD 17 Praxis denken, z.B. bei der Behandlung der enthaltenen und beigefügten Werke.

Andere Unterschiede lassen sich durch zusätzlich Hilfsmittel in Zukunft aus der Welt schaffen, z.B. das Problem alternativer Ortsnamenformen im Erscheinungsvermerk durch die Einbindung des Ortsnamen-Thesaurus[4].

Mit der Option einer Datenmigration in die Verbünde können die VD 17 Daten auch für die lokale Erschließung optimal nutzbar gemacht werden. Umgekehrt ließe sich erreichen – und das wäre für das 18. Jahrhundert noch wichtiger als für das 17. Jahrhundert -, dass in den Verbünden vorhandene Katalogisate bisher nicht beteiligter Bibliotheken auf sehr hohem Niveau in ein VD 17/18 - Datenbank importiert werden können. Es sollte unbedingt angestrebt werden, die Voraussetzungen für den Datentausch schon im Vorfeld weiterer Arbeit zu schaffen, um den Datenfluss in beiden Richtungen zu ermöglichen, ohne dass dadurch die Datenkonsistenz in der VD17 - Datenbank selbst leidet.

Dafür wäre sicher ein Katalogmanagement erforderlich, bei dem eine zentrale (oder verteilte) verantwortliche Redaktion die Aufnahme von Fremdleistungen kontrollierend unterstützt.

Damit wären Grundlagen für eine Bewältigung einiger sich im 18. Jahrhundert verschärft stellender Probleme, insbesondere der Massenhaftigkeit der Literatur sowie der regionalen und internationalen Verteilung der Buchproduktion wie der Diversifizierung ihrer Aufbewahrung, gelegt. Sie könnten auch bei der Weiterentwicklung des VD 17 Anwendung finden.

3 Zielvorstellung eines VD 17/18

Wie das VD 17 soll das VD 17/18 ein bibliographisches Instrument werden, dessen langfristiges Ziel die Erfassung aller zweifelsfrei nachzuweisenden „deutschen" Druckausgaben ist ohne zwingende Vollständigkeit beim Nachweis der Exemplare. Das zielt auf die Errichtung eines Verbundkatalog für Drucke des 18. Jahrhunderts, während der vollständige Nachweis der Bestände möglichst vieler Einrichtungen eher durch die Metasuche in (mit dem VD 17/18

---

[4] Dazu http://www.cerl.org/Thesaurus/thesaurus.htm

möglichst kompatiblen) Verbund- und Bestandskatalogen (auch unter Berücksichtigung internationaler Nachweise wie der CERL-Datenbank) realisierbar ist.

3.1 Teilnehmerkreis

Sicher empfiehlt es sich, analog zum bisherigen Verfahren den konsequenten Aufbau einer VD 18 – Komponente durch Unterstützung einiger Kernbibliotheken mit qualitativ und quantitativ besonders hervorragenden Beständen voranzubringen. Den Anspruch einer
Nationalbibliographie kann das VD 17/18 aber niemals erfüllen, wenn nicht auch viele kleinere Sammlungen berücksichtigt werden.

Wenn der Kreis von Beiträgern möglichst weit zu fassen ist, müssen sich die Anwendung von Sonderregeln und anderen speziellen Voraussetzungen für eine Teilnahme in einem möglichst engen Rahmen halten. Alle Titelaufnahmen für das 18 Jahrhundert, die den geforderten Qualitätsstandards entsprechen, sollten entweder gleich in einem VD17/18 entstehen oder zumindest auf einfachen Wegen nach dorthin exportierbar sein. Es wäre als Missstand zu bezeichnen, wenn gute, autoptische Katalogisate von wichtigen Drucken zwar über die Verbünde oder z. B. den KVK usw. auffindbar wären, aus formalen Gründen aber aus einem VD 17/18 ausgeschlossen blieben. Für die Abstimmung zwischen Partnern, Geschäftsgänge und Verfahrensfragen müssen dann natürlich auch Prozeduren festgelegt werden, die für alle Beteiligten Transparenz und Effizienz sicherstellen. Hier können die schon angesprochenen Strukturen des Katalogmanagements wirksam werden.

3.2 Nutzung von zusätzlichen Informationsquellen

Will man die Probleme der Massenhaftigkeit der Titel und der Zersplittertheit ihrer Aufbewahrung lösen, bieten sich im 18. Jahrhundert als zusätzliche Hilfsmittel die wachsende Zahl zeitgenössischer und neuerer Bibliographien und Kataloge an, die in vielen Fällen auch ihrerseits autoptisch erstellt wurden. Bindet man dieses Material in das zur Erfassung und Erschließung genutzte Datenbanksystem mit ein, lassen sich z.B. auch Titel, die in den Beständen der beteiligen Bibliotheken nicht enthalten sind, mindestens bibliographisch nachweisen.

Im Vorlauf zur Katalogisierung der Bestände des 18. Jahrhunderts sollte durch ein Digitalisierungsprogramm gesichert sein, dass wichtige zeitgenössische und moderne bibliographische Hilfsmittel und Kataloge zur Unterstützung der Erfassungsarbeiten zur Verfügung stehen. Damit wäre auch eine zusätzliche Grundlage für die Abschätzung der Zahl der zu katalogisierenden Titel gegeben. Vor allem aber ließe sich die entstehende Datenbank als Fremdleistung zum Erreichen einer wesentlich höheren Durchsatzquote nutzen. Durch Angabe der entsprechenden Fundstellen bei den Katalogisaten können zusätzlich Informationen und Erkenntnisse transportiert werden, die sonst durch den Wissenschaftler gar nicht berücksichtigt würden oder durch zusätzliche Recherchen mit höherem Aufwand ermittelt werden müssten (z.b. anonyme Autoren oder Illustratoren, Informationen zum Umfang von Werken und ihren Teilen, wichtig bei Tafelwerken mit ausgeprägten exemplarspezifischen Besonderheiten). Auch Hinweise auf ausgabenkonstituierende Elemente, die bei einer effizienten und ergebnisorientierten Katalogisierung größerer Titelmengen nicht berücksichtigt werden können (z.B. Verwendung von Vignetten usw.), würden so erschlossen.

4 Katalogmanagement: Beschreibung eines Modells

Um die Ziele, umfassende Bereitstellung großer Titelmengen in überschaubarer Zeit auf der Basis möglichst vieler Bestände realisieren zu können, ist – wie schon angesprochen -für das 18. Jahrhundert ein gezieltes Katalogmanagement erforderlich. Es könnte folgendermaßen aussehen:

4.1 Architektur

Datenbanken: Als Katalogisierungsdatenbank dient das bisherige VD 17, in das auch die Titelaufnahmen für Drucke des 18. Jahrhunderts eingegeben werden. Das VD 17/18 enthält alle Datensätze, die in Autopsie und unter Berücksichtigung des bekannten bibliographischen Niveaus erstellt wurden.

Verbunddatenbanken: Hier sind zahlreiche Aufnahmen verschiedenster Qualität enthalten. Dieser Datenbestand kann von den Nutzern in Form einer Metasuche berücksichtigt werden, auch wenn hier die Zuverlässigkeit der Ergebnisse relativ gering anzusetzen ist. Qualitativ hochwertige Titel aus den Verbundkatalogen aber können dem VD 17/18 durch entsprechende Transformationsprogramme angeboten werden.

Bibliographische Datenbank zur Fremddatennutzung: Ein Kernbestand von einschlägigen Bibliographien und Katalogen sollte in strukturierter Form maschinenlesbar vorliegen. Hierzu ist die SUB Göttingen als zuständige Bibliothek für das 18. Jahrhundert bereit, ein Programm besonders brauchbarer und zitierfähiger bibliographischer Quellen vorzulegen und ein Verfahren vorzuschlagen, die darin enthaltenen Daten in digitaler Form zu bereitzuhalten. (z.B. Imagedigitalisierung mit anschließender strukturierter Volltexterfassung).

Mit dieser Kombination von Datenbanken und modernen Retrievalverfahren kann schon früh eine relativ hoher Grad an Vollständigkeit der Information erreicht werden.

Offene Struktur:. Durch eine offene Struktur kann die Mitarbeit am VD 18 sich einerseits auf eine kleine Zahl von voll geförderten Teilnehmerbibliotheken mit großen Bestand beschränken, andererseits alle Interessenten integrieren. Es wäre sogar zu überlegen, ob nicht durch ein Anreizsystem (z. B. durch Zahlen einer Prämie für das Einbringen neuer Titel in die Datenbank) ganz bewusst die Teilnahme möglichst vieler Bibliotheken gefördert werden sollte, die spezifische Bestände besitzen.

Zentralredaktion: In Anbetracht des sich dann ergebenden größeren und heterogenen Kreises zuarbeitender Institutionen ist es erforderlich, eine Zentralredaktion einzurichten, die als Clearingstelle für den Input an neuen Titel- bzw. Exemplarmeldungen wirkt und die notwendige Einhaltung der Regeln zur Qualitätssicherung gewährleistet

4.2 Skizze des Workflow

Kernbibliotheken katalogisieren direkt in die Datenbank, ergänzende Meldungen erfolgen in der Regel durch Zwischenschaltung der Verbundkataloge. Vor einer Neumeldung bzw. Zutragung in die VD 17/18-Datenbank muss in jedem Fall eine Recherche in der Datenbank darüber Auskunft geben, ob ein passender Datensatz bereits vorhanden ist. Wenn es eine gültige Beschreibung für einen vorliegenden Druck gibt, werden– analog zu dem bisher im VD 17 angewandten Verfahren – dem Datensatz lediglich die lokalen Informationen hinzugefügt. Darüber hinaus soll die Möglichkeit bestehen, den qualitativ hochwertigen Datensatz auch in den jeweils eigenen Verbund herunterzuladen, um ihn zusätzlich lokal für den Katalognachweis zu nutzen und ggf. um weitere Informationen anzureichern, die nicht Eingang ins VD 17/18 finden (z.B. Angaben zur Provenienz, Einband etc.).

Bei der Neukatalogisierung wird es für die Katalogisierung von Drucken des 18. Jahrhunderts eine erhebliche Arbeitserleichterung sein, dass die Katalogisierung in der gewohnten Verbundumgebung auch dann stattfinden kann, wenn das Katalogisat für die Aufnahme in die VD 17/18-Datenbank vorgesehen ist. Für Import und Export von Daten im Wechselspiel Verbund-VD 17/18 wird eine Transformationssoftware eingesetzt. Damit ist ein Datenaustausch möglich, ohne dass den Bearbeitern die Abweichungen von Regelungen auf den verschiedenen Ebenen überhaupt im Detail bewusst sein müssen. Die Korrektheit der Neumeldungen an die Datenbank wird vor der Freischaltung durch die Zentralredaktion geprüft.

4.3 Bestandsrecherche

Aus der vorgesehenen Datenbankarchitektur ergibt sich die Konsequenz, dass eine Bestandsrecherche als parallele Anfrage an verschiedene Datenbanken realisiert werden muss. Kern ist die Abfrage der VD 17/18 Datenbank mit den qualitativ hochwertigen Titelbeschreibungen. Ergänzt wird ein Resultat mit Treffern aus dieser Datenbank um die Hinweise, die sich mittels der Suchbegriffe aus der Anfrage in den Verbunddatenbanken finden lassen (selbstverständlich mit einer standardmäßigen Eingrenzung auf den relevanten Erscheinungszeitraum). Treffer auf Verbundebene, die Kopien von Datensätzen aus der VD 17/18-Datenbank sind, werden aufgrund ihrer eindeutigen VD 17/18 Ident-Nummer als Exemplarnachweise für die in der VD 17/18-Datenbank aufgefundene Titelbeschreibung dargestellt. Bei anderen Treffern aus den Verbünden kann je nach Qualität des Katalogisates und der Spezifizierung der Suchanfrage nicht in jedem Fall mit Sicherheit angenommen werden, dass Exemplarnachweise dem Titel aus dem VD 17/18 entsprechen.

Für die Katalogisierung wie für die Nutzerrecherche steht ergänzend auch die Datenbank digitalisierter Bibliographien und Kataloge zur Verfügung. Als zentrale Datenbank mit nationalbibliographischem Anspruch können so Informationen über Drucke einbezogen werden, für die zwar (möglicherweise sehr gute) Beschreibungen aber (noch) keine Nachweise vorliegen. Je nach Forschungsinteresse ist es von großem Interesse, Auskunft über die Existenz von solchen Titeln bzw. Detailinformationen zu ihrer Identifizierung zu erhalten.

5 Zusammenfassung

Die wichtigsten Vorteile des hier vorgetragenen Vorschlags seien abschließend noch einmal zusammengefasst:

- Die pragmatische Fortführung und Erweiterung der bisherigen VD17-Datenbank ermöglicht die bruchlose Weiterführung der nachweislich funktionierenden kooperativen Katalogisierungsarbeit im nationalen Rahmen.
- Transformationsprogramme überbrücken die zur Zeit noch sehr hinderlichen Differenzen in Regelwerk und Datenformat zwischen VD 17 und den Verbundsystemen für den Datenaustausch vom und zum VD 17/18.
- Die Katalogisierungsarbeit wird durch Verteilung auf mehrere Schultern und die Möglichkeit, Neukatalogisate in gewohnter Verbundumgebung anzulegen, beschleunigt.
- Die Öffnung des Kreises mitwirkender Einrichtungen bietet auch die Aussicht auf möglichst vollständigen Nachweis der Bestände.
- Der Aufbau einer Datenbank wichtiger bibliographischer und bibliothekarischer Quellen erleichtert und beschleunigt die Katalogisierung und ermöglicht den umfassenden Nachweis auch von Titeln, für die noch kein Bestand bekannt ist.
- Die Einrichtung einer Zentralredaktion gewährleistet die Qualitätssicherung und ermöglicht ein effizientes Katalogmanagement.

- Insgesamt ermöglicht das vorgesehene pragmatische Verfahren mit überschaubarem Aufwand den Auf- und Ausbau einer deutschen Nationalbibliographie des 17. und 18. Jahrhunderts, die auch als leistungsfähiger Verbundkatalog für historische Bestände genutzt werden kann.

DFG-Rundgespräch VD 18

5. Mai 2004, Halle, Universitäts- und Landesbibliothek

Tagesordnung

9.00 Uhr   Ralf Goebel   Begrüßung, Einführung

Teil 1: Wissenschaftliche Voraussetzungen   Moderation Heiner Schnelling

9.15 Uhr	Bernhard Fabian	Warum brauchen wir ein Verzeichnis der Drucke des 18.Jahrhunderts?
9.45 Uhr	Reinhart Siegert	Defizite bibliothekarischer Kataloge aus der Sicht der Forschung
10.15 Uhr	Eberhard Mertens	Der Beitrag der Buchhandelsgeschichte für die vertiefte Erschließung deutschsprachiger Drucke des 18. Jahrhunderts
10.45 Uhr	Michael Engel	Medizin, Naturwissenschaften, Technik: Probleme der Ermittlung, Verzeichnung und Bewertung „grauer" und nichtkanonischer Literatur des 18. Jahrhunderts
11.15 Uhr	Georg Braungart	Kanon und Forschung – die Bedeutung der Erschließung für die Literaturwissenschaft

Teil 2: Bibliothekarische Voraussetzungen   Moderation Klaus Garber

13.00 Uhr	Ursula Hartwieg	Das VD 18: bibliographische und bibliothekarische Voraussetzungen
13.30 Uhr	Graham Jefcoate	Zur quantitativen Präzisierung des Volumens der Literatur des 18. Jahrhunderts – Probleme und Lösungen im deutschsprachigen und internationalen Bereich
14.00 Uhr	Heiner Schnelling	Zeitrahmen, Mengen- und Kostengerüste eines VD 18
14.30 Uhr	Thomas Bürger	Systemstelle, Fachgruppe, Gattungsbegriff: vom Nutzen sachlicher Sucheinstiege in ein VD18
15.00 Uhr	Gerd-J. Bötte	VD18: vom bibliographischen Nachweis zum digitalen Dokument

Teil 3: Abschlußdiskussion   Moderation Michael Knoche

Teilnehmerliste zum Rundgespräch „VD 18"

Sitzungsort: Universitäts- und Landesbibliothek Halle,
August-Bebel-Str. 13,
06108 Halle

Vortragende und Moderatoren:

Gerd-J. Bötte, Berlin

Prof. Dr. Georg Braungart, Tübingen

Dr. Thomas Bürger, Dresden

Dr. Michael Engel, Berlin

Prof. Dr. Bernhard Fabian, Münster

Prof. Dr. Klaus Garber, Osnabrück

Dr. Ralf Goebel, Bonn

Dr. Ursula Hartwieg, Berlin

Dr. Graham Jefcoate, Berlin

Dr. Michael Knoche, Weimar

Dr. Eberhard Mertens, Hildesheim

Dr. Heiner Schnelling, Halle

Prof. Dr. Reinhart Siegert, Freiburg

Eingeladene Institutionen:

Institution	Vertreter
Universitätsbibliothek Freiburg	Dr. Angela Karasch
Universität Göttingen Seminar für Deutsche Philologie	Prof. Dr. Wilfried Barner
Staats- und Universitätsbibliothek Göttingen	Prof. Dr. Elmar Mittler
Forschungsbibliothek Gotha	Rupert Schaab
Universitätsbibliothek Greifswald	Dr. Hans Armin Knöppel
Universitätsbibliothek Heidelberg	Dr. Maria Effinger
Universitäts- und Landesbibliothek Jena	Dr. Sabine Wefers
Universitätsbibliothek Leipzig	Dr. Monika Linder
British Library London	Graham Nattrass
Bayerische Staatsbibliothek München	Dr. Claudia Fabian
Württembergische Landesbibliothek Stuttgart	Dr. Eberhard Zwink
Universitätsbibliothek Tübingen	Dr. Gerd Brinkhus
Österreichische Nationalbibliothek Wien	Dr. Helmut W. Lang